中公新書 2563

瀧浪貞子著

持統天皇

壬申の乱の「真の勝者」

中央公論新社刊

はじめに

春過ぎて　夏来《きた》るらし　白栲《しろたえ》の　衣《ころも》干したり　天《あま》の香久山《かぐやま》

（いつの間にか春が過ぎて夏がやってきたようだ。天香久山を見るとあのように真っ白い衣が翻っているのだから）

『万葉集《まんようしゅう》』（巻一―二八）に収める持統《じとう》女帝の歌である。当時は夏になると白い衣（布）を干す習慣があったのであろう、香具（久）山に映える白い衣を目にした持統が、夏の到来を感じて詠んだのである。ちなみに香具山というのは大和三山《やまとさんざん》（畝傍山《うねびやま》・耳成山《みみなしやま》・香具山）の一つであるが、ことさら「天」香具山と呼ばれるように、三山のなかでも古くから神聖視された山である。その香具山の新緑と白い衣の鮮やかな対比が初夏の光を感じさせ、躍動感あふれる雰囲気を醸し出しているが、それでいて歌にドッシリとした落ち着きと安定感がある。

　こうした歌のもつイメージから、持統天皇は理知的・合理的で冷静沈着な女性であったと理解されることが多い。じじつ、落ち着いた性格で度量の広い女帝であったというのが『日本書《にほんしょ》紀《き》』（称制前紀）に記す持統天皇評である。

　確かに夫の天武《てんむ》天皇が亡くなったあと、ただちに「臨朝称制《りんちょうしょうせい》」、すなわち即位せずに政務

天香具山　神が降り立つ最初の地として神聖視されてきた（写真・一般財団法人奈良県ビジターズビューロー）

を執り、政治的危機を乗り越えている。天皇の代行者として群臣を統括し、天武没後の政治的混乱を抑えた持統天皇の手腕は見事というほかはない。ただの女性ではありえない。しかしその一方で、持統天皇には、こうと思えばやり通すという一途《いちず》な面があったように、わたくしには思われる。たとえば持統天皇六年（六九二）三月のこと、壬申《じんしん》の乱に関係深い伊勢《いせ》・伊賀《いが》地方の豪族たちを慰問するために伊勢行幸に出かけたさい、当時は農作業の季節にあたることから、臣下が再三にわたって中止を要請したが、持統はそれを無視して出発している。乱関係者への慰問は夫天武天皇が固執した政策の継承であり、おそらく天武天皇の遺志でもあったのだろうが、そこに見る持統天皇は一徹な、情念に満ちた女性でしかない。しかし、これもまた持統の実像であった。

そもそも持統は、自身が即位することなどまったく考えていなかった。願いはただ一つ、皇子草壁《くさかべ》の即位であった。そのために夫天武が亡くなったあと、草壁皇子のライバルであった大《おお》津《つ》皇子を自害に追い込んでいる。大津皇子は持統の姉、大田《おおた》皇女の息子で、持統にとっては甥《おい》にあたる。冷酷非情とも思える行為であるが、すべては溺愛《できあい》する草壁皇子の即位を実現するためであった。にもかかわらず、その草壁皇子が即位することなく急逝すると、ただちに自らが即位に踏み切っている。草壁皇子の一粒種、珂瑠《かる》皇子（のちの文武《もんむ》天皇）を即位させたいとの一心からであった。そこに見るのは、血脈に対する妄執以外の何物でもない。同じ肉親の死でも、それによって信仰心を深めていった聖武《しょうむ》天皇皇后の光明子《こうみょうし》とは対照的でさえある。むろん、持統天皇と光明皇后（奈良時代）とでは時代も違えば、置かれた境涯・立場も異なるが、持統の場合は肉親の死が持統を鍛え、積極的・行動的な女性に成長させていったようである。

その意味で持統天皇は強靭《きょうじん》な精神力の持ち主であり、良くも悪くも激しい情念に燃える生一本な性格であったように思われる。

持統天皇の背負った生涯は、むろん生来の性格とも無関係ではなかろうが、置かれた立場とその環境が深く関わっている。幼くして祖父（蘇我倉山田石川麻呂《そがのくらやまだのいしかわまろ》）が謀反の罪で自害に追いやられ、そのショックで実母が亡くなるという凄惨《せいさん》な光景を目の当たりにしている。こうした幼児体験が、持統の人格形成に及ぼした影響は計り知れないものがあるとの見方が出されるのも、理由のないことではない。しかしわたくしの見るところ、タフな精神力や執着心は、夫とともに生死を賭《か》けた壬申の乱を勝ち抜くなかで芽生えたものである。

古代最大の争乱といわれる壬申の乱は、緻密《ちみつ》な作戦と知略によって勝利を得た。『日本書紀』には、勝敗を決する天武の判断に、持統の後押しがあったことを思わせる記述が少なくない。乱は、持統の協力があっての勝利だったのである。

乱後、大海人皇子《おおあまのおうじ》は飛鳥浄御原宮《あすかのきよみはらのみや》で即位（天武天皇）し、律令《りつりょう》の編纂《へんさん》、官人制度の整備を進め、中央集権国家を実現させた。しかし天武天皇は志半ばで世を去り、天武朝を継承した持統天皇は藤原《ふじわら》宮都の形成などを通して古代国家の基盤を築いたのである。大化改新《たいかのかいしん》政権がめざした方針が壬申の乱を経て、持統朝にいたって実現したといってもよい。その意味で壬申の乱は、持統によって終焉《しゅうえん》したということもできよう。

しかし持統天皇にとって、それで壬申の乱が終わったわけではなかった。草壁皇子の急逝後、孫の珂瑠皇子の即位実現が最大の課題となったからである。そのために案出されたのが、草壁皇子の嫡子である珂瑠皇子こそが正統な継承者だという、いわゆる「草壁皇統」の論理であった。天智《てんじ》天皇の息子大友《おおとも》皇子を倒して即位した天武天皇は、端的にいって皇位の簒奪《さんだつ》者であったから、始祖とするわけにはいかなかった。そこで、天武天皇を「神」として祭り上げたのである。それが〝現人神《あらひとがみ》〟創出の原点となっていることは、ほとんど理解されてはいない。

「草壁皇統」といえば、『万葉集』の編纂もその一つである。日本最古の歌集である『万葉集』は、持統天皇がその母体（巻一・巻二）の編纂を命じたことに始まる。特徴は草壁挽歌《ばんか》が圧倒的多数を占めていることで、ここでも「草壁皇統」の正統性を強調しようとする持統の意図が読み取れる。

そして何よりも、「草壁皇統」の正統性を強調した結果、女帝のあり方が大きく変わった。女帝の立場と役割は、草壁嫡系男子の即位実現（中継ぎ役）に限定されてしまったからである。

女帝は、即位はしても「皇統」（天皇の血脈）から除外される存在となったのである。

天武天皇の即位に伴って皇后となった持統は、天武没後、称制を経て即位、譲位後は太上《だいじょう》天皇として文武天皇を後見する。壬申の乱後、携わった治政は三十年に及ぶ。その生涯は飛鳥時代の歴史そのものであり、壬申の乱が持統の後半生を決定づけたといっても過言ではない。その間に発揮された政治的・社会的才腕は、持統が体験したさまざまな出来事や政変、なかでも壬申の乱において培われたものであった。

それだけではない。薬師寺《やくしじ》や山田寺《やまだでら》などの諸像に見られる新様の芸術、文化は持統の登場によって結実したが、これもまた壬申の乱を勝ち抜いて得た成果であろう。そして大事なのは、その後の奈良・平安時代はそうした土壌の上に展開されたのであり、古代の歴史は、この持統を抜きにしては考えられないということである。持統によって女帝の原像が形成され、それを核にして古代の歴史や文化が展開していったということも、見逃すべきではない。

本書ではこうした持統について、壬申の乱という政変を軸にその生涯を分析してみたい。女帝と壬申の乱という視点は、これまでにはあまり見られなかったものである。そこに持統の特徴があるというのが、わたくしの考えである。たんに持統の生涯を追うだけではすまされない。大事なことは、その生き様を通して日本古代の歴史をマクロの見地から考え直すことである。それがまた、これまでとは異なる新たな古代史像を提示することになるからである。

目次

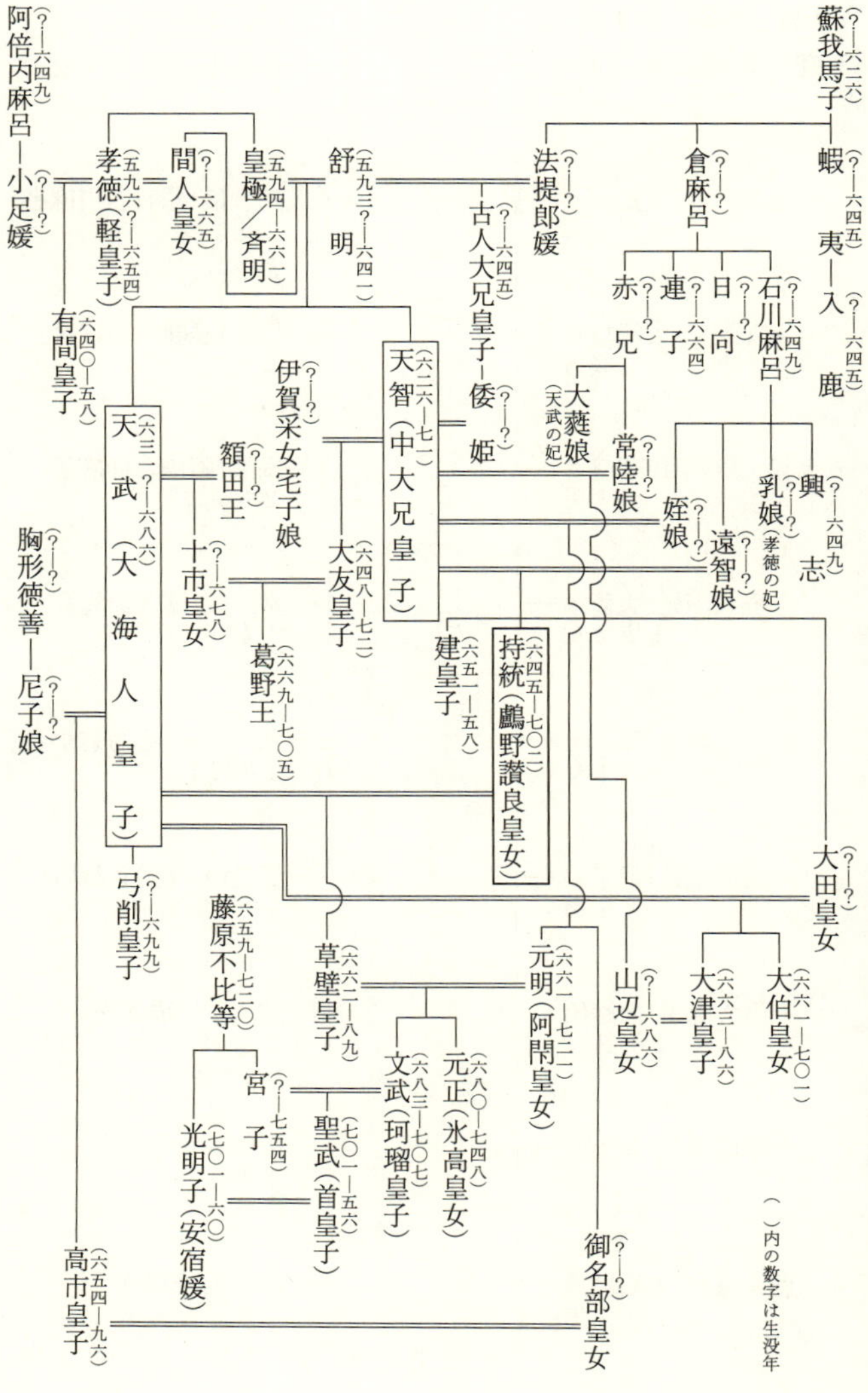
蘇我馬子（?―六二六）
蝦夷（?―六四五）
入鹿（?―六四五）
倉麻呂（?―?）
法提郎媛（?―?）
石川麻呂（?―六四九）
日向（?―?）
連子（?―六六四）
赤兄（?―?）
興志（?―六四九）
乳娘（?―?）（孝徳の妃）
遠智娘（?―?）
姪娘（?―?）
常陸娘（?―?）
大蕤娘（天武の妃）
古人大兄皇子（?―六四五）
倭姫（?―?）
舒明（五九三?―六四一）
皇極／斉明（五九四―六六一）
間人皇女（?―六六五）
孝徳（軽皇子）（五九六?―六五四）
阿倍内麻呂（?―六四九）
小足媛（?―?）
有間皇子（六四〇―五八）
天智（中大兄皇子）（六二六―七一）
伊賀采女宅子娘（?―?）
大友皇子（六四八―七二）
額田王（?―?）
十市皇女（?―六七八）
葛野王（六六九―七〇五）
天武（大海人皇子）（六三一?―六八六）
持統（鸕野讃良皇女）（六四五―七〇二）
建皇子（六五一―五八）
大田皇女（?―?）
胸形徳善（?―?）
尼子娘（?―?）
弓削皇子（?―六九九）
藤原不比等（六五九―七二〇）
草壁皇子（六六二―八九）
元明（阿閇皇女）（六六一―七二一）
山辺皇女（?―六八六）
大津皇子（六六三―八六）
大伯皇女（六六一―七〇一）
元正（氷高皇女）（六八〇―七四八）
文武（珂瑠皇子）（六八三―七〇七）
宮子（?―七五四）
聖武（首皇子）（七〇一―五六）
光明子（安宿媛）（七〇一―六〇）
高市皇子（六五四―九六）
御名部皇女（?―?）

（ ）内の数字は生没年

天智・天武のキサキ

天武

- (天智天皇)鸕野讃良皇女　1男
- (天智天皇)大田皇女　1男1女
- (天智天皇)大江皇女　2男
- (天智天皇)新田部皇女　1男
- (蘇我赤兄)大蕤《おおぬ》娘　1男2女
- (鏡王)額田王　1女
- (胸形徳善)尼子娘　1男
- (宍人《ししひと》臣大麻呂)櫰《かじ》媛娘　2男2女
- (藤原鎌足)氷上娘　1女
- (藤原鎌足)五百重娘　1男

天智

- 倭姫王(古人大兄皇子)
- 遠智娘(蘇我石川麻呂)　1男2女
- 姪娘(蘇我石川麻呂)　2女
- 橘娘(阿倍倉梯麻呂)　2女
- 常陸娘(蘇我赤兄)　1女
- 色夫古《しこぶこ》娘(忍海造小竜)　1男2女
- 黒媛娘(栗隈首徳万)　1女
- 越道君伊羅都売　1男
- 伊賀采女宅子娘　1男
- 額田王(鏡王)

(　)内は父の名/キサキの名の下に皇子・皇女の数を記した

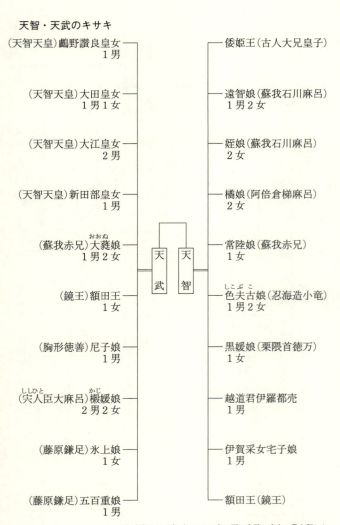

天智・天武の皇子・皇女

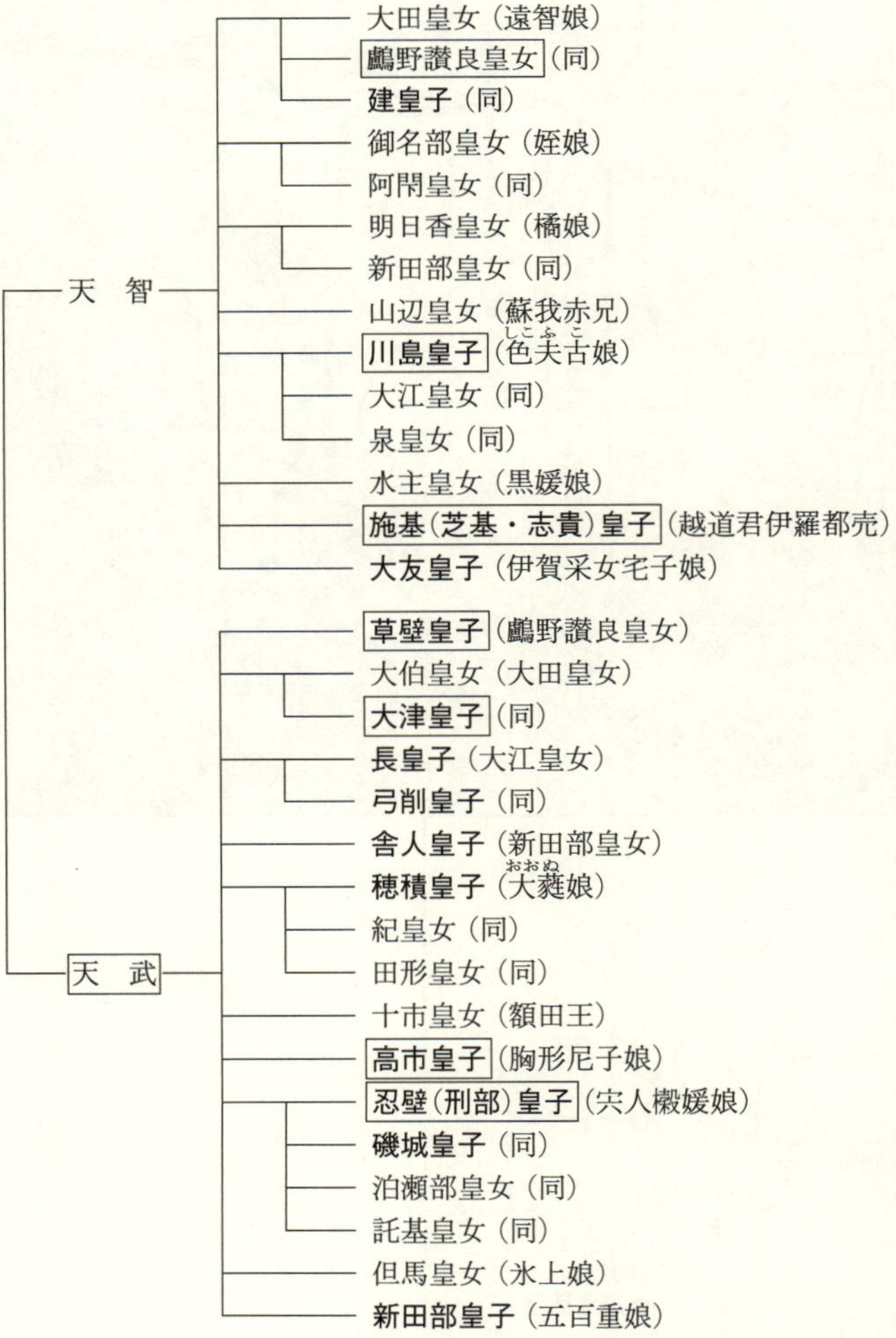

太字は皇子／（　）内は母の名／□は「吉野の盟約」に赴いた者

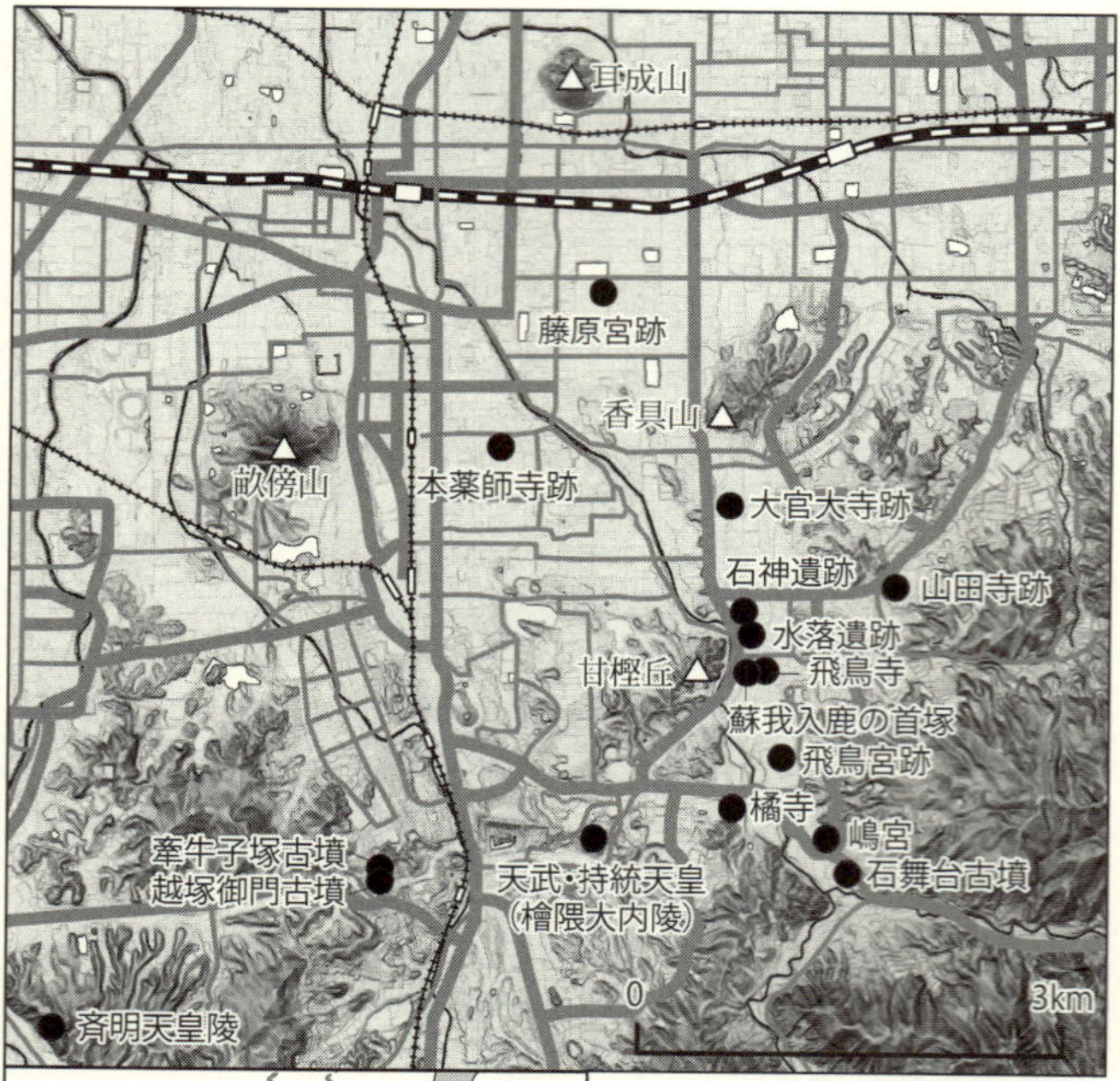
耳成山
藤原宮跡
香具山
畝傍山
本薬師寺跡
大官大寺跡
石神遺跡
山田寺跡
水落遺跡
甘樫丘
飛鳥寺
蘇我入鹿の首塚
飛鳥宮跡
橘寺
嶋宮
牽牛子塚古墳
越塚御門古墳
天武・持統天皇
(檜隈大内陵)
石舞台古墳
0
3km
斉明天皇陵

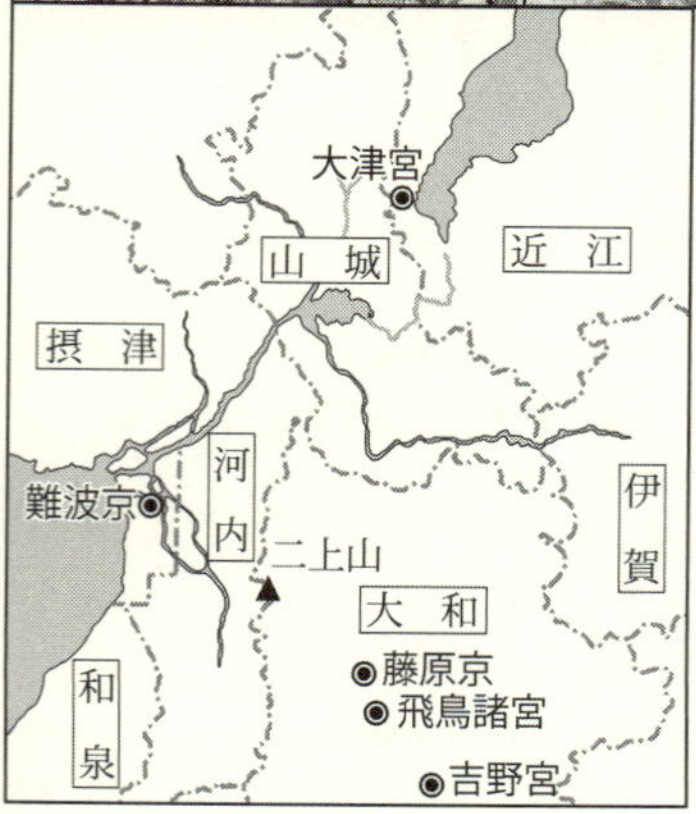
大津宮
山　城
近　江
摂　津
河内
伊賀
難波京
二上山
大　和
藤原京
飛鳥諸宮
和泉
吉野宮

第一章　誕生（645年）

――人生を方向づけた「大化改新」

入鹿の首塚（五輪塔）　向こうに見えるのが蝦夷・入鹿父子の邸宅があった甘樫丘

	持統関係	年齢	社会情勢
大化元（645）	**誕生** 皇極天皇譲位 孝徳天皇即位 中大兄皇子立太子	1	乙巳の変 樹下の誓約 古人大兄皇子の謀反 難波に遷る
大化2（646）		2	改新の詔を宣す
大化3（647）		3	渟足柵を造る
大化4（648）		4	磐舟柵を造る

一　クーデター

大化元年生まれ

持統天皇は幼名を鸕野讚良《うののさらら》といい、大化《たいか》元年（六四五）に生まれた。鸕野も讃良も河内《かわち》国の地名（更荒郡《さららのこおり》鸕鷀《う》野《の》邑《むら》）で、渡来人が多く住んでいたところである。当時の慣例から推測すれば、幼名はこの地出身の氏族に養育されたことにちなむと思われる。

父は中大兄皇子《なかのおおえのおうじ》（のちの天智天皇）で、このとき二十歳、母は蘇我倉山田石川麻呂の娘、遠《お》智娘《ちのいらつめ》である。遠智娘の年齢は分からない。二人の間にはすでに大田皇女が誕生しており、大田皇女と鸕野は父母を同じくする姉妹であった。

大化元年は蘇我入鹿《いるか》が暗殺された、いわゆる中央集権国家成立の出発点となった年である。鸕野の生年がその年であったというのは、波瀾《はらん》に満ちた生涯をいかにも象徴しているようだが、誕生年について『日本書紀』に記載があるわけではない。『本朝皇胤紹運録《ほんちょうこういんじょううんろく》』に、「孝徳《こうとく》元（年）降誕」（孝徳天皇元年は六月に大化と改元）と見えること、また「大宝《たいほう》二（年）十二（月）十二（日）崩、五十八（大宝二年〔七〇二〕十二月に五十八歳で没）」との記述に合致することによる（『続日本紀《しょくにほんぎ》』では十二月二十二日に没とする）。

『本朝皇胤紹運録』は十五世紀はじめ頃、洞院満季《とういんみつすえ》によって編纂された皇室系図である。鸕野の時代からはるかに下り、しかも編纂書であって、信憑性《しんぴょうせい》は疑われるところであるが、『日本書紀』によれば、中大兄皇子と遠智娘との婚姻は皇極《こうぎょく》天皇三年（六四四）正月であったという。そんなことから、鸕野の誕生を翌年＝大化元年とする『本朝皇胤紹運録』の記述はほぼ間違いないというのが、今日の理解である。

なお、姉の大田皇女の生年は明らかでないが、それが婚姻の年（皇極天皇三年）の可能性もなくはない。そうだとすれば大田皇女と、翌年に生まれた鸕野とは、年子の姉妹であったということになろう。

それはさておき、鸕野が生まれた大化元年をわたくしがとくに留意するのは、入鹿を誅殺《ちゅうさつ》したこのときのクーデターが、蘇我本宗家を壊滅させ天皇中心による改新政権を樹立したというだけでなく、それまでの皇位継承における慣習を、すべて反古《ほご》にしてしまったからである。すなわち当時の慣例に従えば、中大兄皇子が即位する可能性は皆無であった。時の女帝皇極の実子である中大兄皇子は、皇位継承の圏外に置かれていたからである（後述）。その中大兄皇子が即位へのパスポートを手にしたのが、この入鹿暗殺事件だったのである。

中大兄皇子をはじめ、のちに持統天皇の夫となる大海人皇子（のちの天武《てんむ》天皇）の人生は、このクーデターによって一転し、その方向を決定づけられたといっても過言ではない。それまで皇位継承権のなかった彼ら兄弟にその資格が付与され、政治の表舞台に躍り出ることになった。そして鸕野もまた、この事件によって生涯が運命づけられたのである。

そこで鸕野の生涯を考察するにあたり、まずこの大化改新について述べることから始めたい。なおそれぞれの呼び名について、本書では即位を画期に区別したい。すなわち持統天皇については即位以前を鸕野とし、同様に天智天皇・天武天皇についても即位以前は中大兄皇子・大海人皇子と記すことにする。

蘇我倉家の長女と次女

蘇我入鹿が宮中（飛鳥板蓋宮《あすかいたぶきのみや》）で殺害されるという事件が起こったのは皇極天皇四年（六四五）六月のこと、首謀者は中臣鎌足《なかとみのかまたり》（当初は鎌子《かまこ》）である。『日本書紀』によれば、計画を実行するにあたって中臣鎌足は中大兄皇子に、蘇我倉山田石川

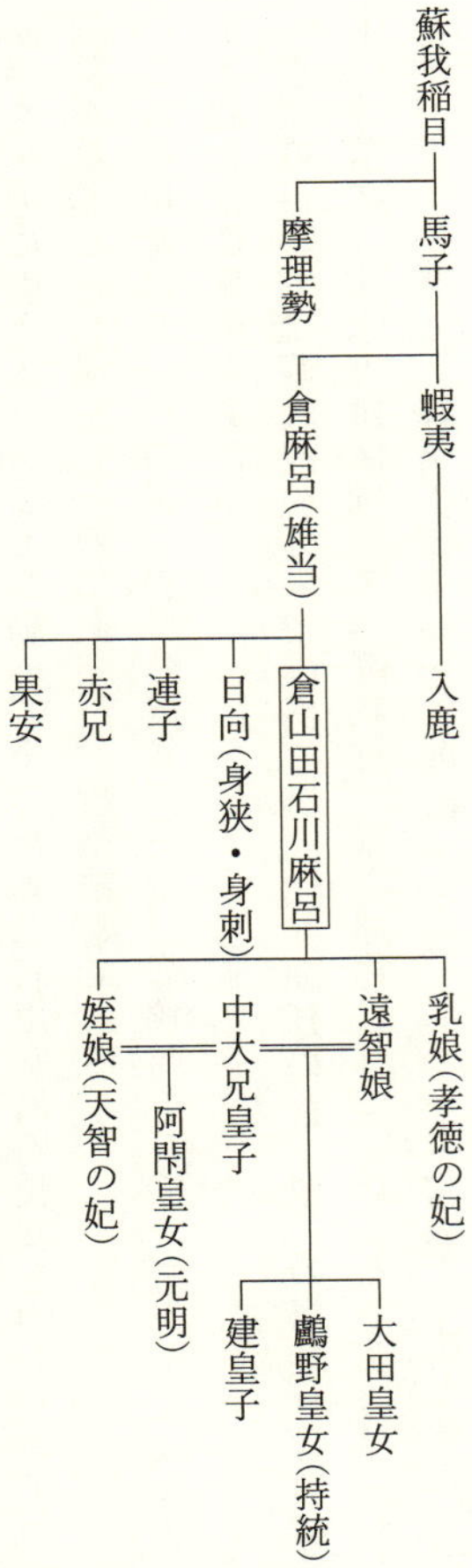

石川麻呂系図

麻呂を味方に引き入れることを勧め、そのために石川麻呂の長女を中大兄皇子の妃《きさき》とし、姻戚《いんせき》関係を結ぶことを提案したのであった。政略結婚である。

この石川麻呂というのが、鸕野の祖父である。蘇我馬子《うまこ》の孫であり、父は倉麻呂、したがって入鹿とは従兄弟《いとこ》にあたる。

石川麻呂の家は蘇我氏の分家ではあるが、代々朝廷の倉（蔵）の出納・管理にあたっていた有力豪族で、本家とは区別して「蘇我倉」家と通称されていたようである。そんなことから政治的発言力も強く、経済力は本家にも匹敵するほどで、『上宮聖徳法王帝説《じょうぐうしょうとくほうおうていせつ》』（裏書）には、舒明《じょめい》天皇十三年（六四一）に氏寺（山田寺）の造営を開始し、皇極天皇二年（六四三）には金堂が完成していたと見える。そんな蘇我倉家の石川麻呂を入鹿暗殺の協力者に選んだのは、入鹿（本宗家）と石川麻呂（蘇我倉家）との間に亀裂があり、それを鎌足が見抜いていたからに違いない。藤原《ふじわら》鎌足の伝記である「大織冠伝《たいしょくかんでん》」（「鎌足伝」とも。『藤氏家伝《とうしかでん》』所収）には、「陰《ひそ》かに桉作《くらつくり》（蘇我入鹿）の隙《ひま》を探るに、すなわち山田臣と桉作と相《あ》い忌《にく》むことを知る（ひそかに入鹿の人間関係を調べてみると、山田石川麻呂が入鹿と不仲であることを知った）」とあり、蘇我一族内で対立、内紛があったことを思わせる。鎌足らはこの蘇我氏に生じつつあった対立関係に目をつけ、入鹿暗殺を実現しようとしたのである。ただし、話を持ちかけた段階では、石川麻呂にまだ暗殺計画が打ち明けられてはいない。

鎌足からの申し出を石川麻呂は喜んで受け容《い》れたが、思わぬ事件が起きる。婚姻の夜、当の長女が、石川麻呂の異母弟の身狭臣《むざしのおみ》（日向《ひむか》）に連れ去られてしまったのである。このとき、為《な》す術《すべ》もなく途方に暮れる父石川麻呂を見て、代わりに中大兄皇子の妃になると言ったのが、次女の遠智娘であった。

思いがけなく天智天皇の妃になった遠智娘、それが鸕野の生母である。『日本書紀』によれば、皇極天皇三年正月のことであった。

その石川麻呂に入鹿殺害の計画が打ち明けられたのは、明けて皇極天皇四年六月八日である。中大兄皇子は石川麻呂に対して、朝鮮三国が貢ぎ物を進上する日に上表文を読み上げてもらうつもりだと述べ、入鹿暗殺の謀略をはじめて口にしたのであった。むろん、石川麻呂は応諾した。

事件の、わずか四日前である。

入鹿の殺害

皇極天皇四年六月十二日、計画実行の当日である。場所は時の宮都、飛鳥板葺宮。出御した皇極天皇の面前において、石川麻呂が朝鮮三国からの国書を奉読するという重要儀礼で、その場で入鹿を殺害するというものであった。

ところが石川麻呂が宣読しているさなか、ハプニングが起こる。手はずでは佐伯連子麻呂《さえきのむらじこまろ》・葛城稚犬養連網田《かずらきのわかいぬかいのむらじあみた》らが入鹿に斬《き》りかかることになっていたが、恐怖のために震えて足が出ない。業を煮やした中大兄皇子が先頭に立って入鹿に斬りかかり、ようやく子麻呂らも足を斬りつけた。入鹿は転がりながら皇極女帝の前に平伏し、命乞いをしたが、中大兄皇子が、「鞍作《くらつくり》（＝入鹿）、天宗を尽《ことごとく》に滅して、日位《ひつぎのみくらい》を傾けんとす。豈《あに》天孫を以《もっ》て鞍作に代えんや（入鹿は天皇家を滅ぼし、皇位に即《つ》こうとしておりました。どうして天孫を入鹿に代えられましょうか）」と訴えたのを聞いて、女帝は殿中に入ってしまった。このあと、子麻呂らは入鹿に止《とど》めを刺した、というのが『日本書紀』に記す入鹿殺害の顚末《てんまつ》である。

これまで暗殺事件においてほとんど注目されることはなかったが、じつはこの座に列席し、その一部始終を見ていた人物がいた。古人大兄皇子《ふるひとのおおえ》である。舒明天皇の長子で、中大兄皇子の異母兄にあたる。蘇我氏が即位を望み、あと押ししていた。事件を目の当たりにした古人大兄皇子は、急ぎ私邸に戻り、「韓人《からひと》、鞍作臣を殺しつ。吾《わ》が心痛し」と言って、かたく門を閉ざして引き籠《こ》もってしまったという。

韓人が入鹿を殺した

「韓人が入鹿を殺した」とは、謎めいた言葉であるが、『日本書紀』は、「韓政《からひとのまつりごと》に因《よ》りて誅《つみ》せらるるを謂《い》う」と分注している。「韓政」――朝鮮三国の政（儀式）が入鹿を殺したようなものだ、というのが書紀編者の考え方であるが、わたくしは「韓人」を「倉人」すなわち倉山田石川麻呂をさしたものと解釈する。

というのも当時、中小氏族（中臣氏）であった鎌足はむろんのこと、中大兄皇子でさえ、こうした国家儀式に列席する資格はなかった。参加できるのは天皇やその関係者、豪族などの代表に限られ、宣読はそれらの人びとに対する報告であった。『日本書紀』や「大織冠伝」では事件の主役を中大兄皇子や鎌足としているが、それは二人の功績を強調する観点からの叙述であって、暗殺計画が鎌足らによって企てられたことは事実にせよ、儀式の手はずを整えお膳立《ぜんだ》てをしたのは彼らではない。代々朝廷の倉を管理してきた石川麻呂以外にはありえない。石川麻呂が儀式の主宰者であり、この場合は、いわば事件の実行犯であった。計画は石川麻呂の協力がなければ実行不可能だったのである。古人大兄皇子が「韓人（石川麻呂）が入鹿を殺した」と叫んだのは、そのことを見抜いていたからだとわたくしは考える。

ちなみに「蘇我倉」家と通称されていたことから、石川麻呂は「倉家の人」とも、「倉人」とも呼ばれていた。また管理している倉に朝鮮三国（韓国《からくに》）関係の品物が保管されていたことを考えると、「韓人」と呼ぶこともあったろう。韓国品を管理する人といった、いわば間接的呼称である。そのうえで古人大兄皇子の心裏《しんり》を慮《おもんばか》ると、あえて「韓人」と口走ったのは、自身に危害が及ぶことを恐れてではなかったか。入鹿が暗殺され蘇我氏の後ろ盾を失った古人大兄皇子には、間接的表現でしか石川麻呂を名指しできなかったというのが、わたくしの考えである。古人大兄皇子の立場が悲しく痛ましくさえ思われる。

ともあれ、儀式の主宰者であった石川麻呂が鸕野の祖父であり、鸕野はこの事件が起こった年に誕生したのである。

蘇我氏の滅亡

事件後、中大兄皇子たちは飛鳥寺《あすかでら》（法興寺《ほうこうじ》）に陣を布き、入鹿の父蝦夷《えみし》の反撃に備える一方、入鹿の屍《しかばね》を蝦夷に引き渡した。蝦夷の邸宅を警護していた東 漢 直《やまとのあやのあたい》らがいったんは反撃の姿勢を示したが、中大兄皇子の説得で四散し、最期と悟った蝦夷は、翌日自邸に火を放って自尽《し》した。蘇我本宗家のこれが最期であった。このとき蝦夷が『天皇記』『国記《こっき》』や珍宝のすべてを焼いたが、危うく灰になりかかった『国記』を船 史 恵尺《ふねのふひとえさか》が取り出し、中大兄皇子に奉ったというのは、『日本書紀』に記すところである。

『天皇記』『国記』は、推古《すいこ》天皇時代に厩戸《うまやど》皇子と蘇我馬子が編纂した歴史書といわれている。すでに完成して存在していたのか、まだ作業中のものだったのかは不詳であるが、それが蘇我本宗家に保管されていたのである。ちなみに船史恵尺は文筆に携わる渡来氏族で、このとき取り出せたのは、編纂事業のスタッフとして関わっていたことを物語っていよう。

それはともかく、入鹿らが皇位を簒奪しようとしたという『日本書紀』に見える中大兄皇子の言葉は、事実とは思えない。確かに蝦夷・入鹿の父子は甘樫丘《あまかしのおか》（甘檮岡《あまかしのおか》）に並べて建てたそれぞれの家を、「上《うえ》の宮門《みかど》」「谷《はざま》の宮門」と称し、子どもたちを「王子《みこ》」と呼ばせるなど天皇まがいの言動をとってはいたが、彼らの意図は、決して自身が天皇になろうとしたわけではない。

その証拠に『日本書紀』には、泊瀬仲王《はつせなかおう》（厩戸皇子の息子。山背大兄王《やましろのおおえ》の異母弟）は、我ら父子（厩戸皇子の父子）は蘇我氏から出ており、そのために蘇我大臣を高山のごとく頼りにしている（舒明天皇即位前紀）といい、現に推古天皇も、私の出自は蘇我氏であり、大臣（蘇我馬子）は叔父であるから、叔父の言うことは何でも聞いてきた（推古天皇三十二年十月一日条）と述べている。すなわち、蘇我氏は王族の姻戚として皇族（王族）に準じる立場と待遇が与えられてきたのである。叔父である馬子の言辞には全部従ってきたという推古女帝の言葉が、すべてを物語っている。それが王族まがいの言動をとることがあっても、ことさら非難されることなく看過されてきた理由ではなかろうか。崇峻《すしゅん》天皇五年（五九二）、崇峻天皇が、やはり叔父の馬子によって殺害されるという前代未聞の事件が起こったときですら、これを指弾し弾劾する動きがほとんどなかったのも、不可解といわざるをえない。天皇暗殺という行為も、蘇我氏の持つ政治的重みとその立場が帳消しにしたとしか考えられないのである。

しかし、だからといって蘇我氏が天皇になろうという野心を持っていたとは思えない。蘇我氏が望んだのは、かつての葛城《かずらき》氏がそうであったように、娘を天皇（大王）のキサキとすることで得られる外戚の地位であり、それが権力基盤の核であることを十分に承知していた。くどいようであるが、天皇になれると思ってもいなかったし、むろん、なろうとした気配もない。蘇我氏が望んだのは、葛城氏にとってかわる立場であった。

その意味でも蝦夷・入鹿を皇位簒奪者呼ばわりするのは、蘇我氏打倒を正当化するために中大兄皇子らによって唱えられた大義名分にすぎないことは明白である。

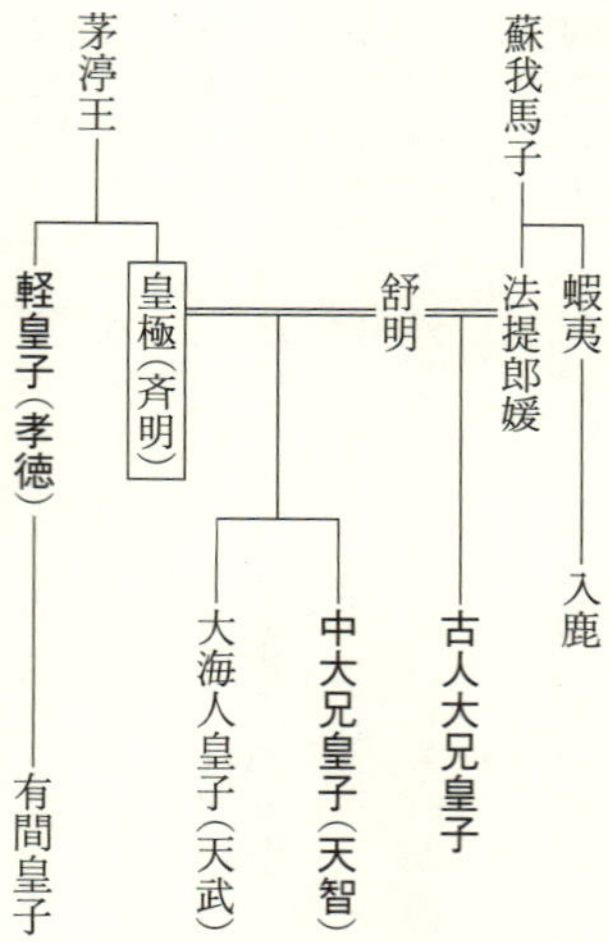

古人大兄皇子・軽皇子・中大兄皇子の関係

二　中大兄皇子の立場

鎌足の提案

蝦夷が自尽した翌日、皇極女帝は、「位を中大兄皇子に伝えたまわんと思欲《おもお》し」て中大兄皇子に詔を下した。中大兄皇子は即答を避け、このことを中臣鎌足に相談する。しかし鎌足の答えは次のようなものであった。

兄の古人大兄皇子と叔父の軽《かる》皇子（皇極天皇の弟）が健在です。なのに今、古人大兄皇子をさしおいて即位するとなれば、兄弟の道に反することになりましょう、そこで「且《しばら》く舅《おじ》を立てて民の望《ねがい》に答《かな》わば、また可《よ》からずや（しばらくは叔父の軽皇子を立てて、人びとの望みに応えるのがよいのではないでしょうか）」、と。これを聞いた中大兄皇子は、「深く」鎌足の「議《はかりごと》を嘉《よみ》したまいて（提案をたいそう喜んで）」、このことを皇極天皇に「密《しのび》に（内密に）」奏上し、皇位を辞退している。

中大兄皇子は、鎌足の同意があれば、この時点でおそらく即位したであろう。しかし鎌足は賛成しなかった。なぜか。

皇位の簒奪者として蘇我氏を討滅したその中大兄皇子がただちに即位したのでは、蘇我氏と何ら変わりはなく、クーデターの大義名分が崩れてしまう。それどころか、逆に非難の矛先が中大兄皇子に向けられるという事態を招きかねなかった。

これは、女帝即位に関わってのことである。結論を先にいうと、わが国では女帝の即位は、実子の皇子があっても、その皇子を皇位継承から排除することと引き替えに成り立つものだったからである。というより逆に、女帝（皇極）が即位したことによってその皇子である中大兄皇子は皇位継承権を失い、したがって即位することは当時の慣習に背くというのが、鎌足が即位に賛成しなかった最大の理由である。そこで提案したのが、しばらくの間、叔父の軽皇子を即位させるというものであった。

しかし、いったいこれはどういうことなのか。皇極天皇の皇子という点では鸕野の夫になる大海人皇子も同様であるから、大海人皇子もまたこの時点では皇位継承の圏外にあったということなのか。

鸕野の生涯をたどるには、何よりもまずこの問題を明確にしておく必要があろう。わが国で女帝が誕生した経緯である。そこには女帝を擁立せざるをえなかった特殊な事情があり、実子排除の論理はその背景のなかで生じたものに違いない。

そこで鸕野から半世紀前の時代、初代の女帝推古の誕生時にさかのぼって、この論理が生まれた経緯を明確にしておきたい。皇極天皇は推古天皇につぐ二代目の女帝であり、即位した背景には同様の論理が働いていたはずである。くどいようであるが、その皇極天皇の実子が中大兄皇子と大海人皇子、すなわち鸕野の父と夫である。

女帝即位の背景

そもそも初代の女帝推古が誕生したのは、蘇我馬子によって崇峻天皇が暗殺されたことによる。推古女帝が擁立された事情について、その結論だけをいうと、崇峻天皇が暗殺された結果、皇位（王位）を継承すべき立場の候補者がいなくなってしまったのである。それが、女帝が誕生した理由のすべてである。

すなわち、当時の皇位継承は兄から弟への兄弟継承が慣例であり、一般的であった（系図参照）。ただし問題は、皇位が兄弟（年齢順）に継承されていく限りにおいて、有資格者は限定されて明確であったのに対して、兄弟間の継承が終わり次の世代に移るとき、兄弟の子どもたち（即位しなかった兄弟の子どもたちをも含めて）が有資格者として一挙に増加することである。したがって、早い時期に皇位継承者（いわゆる皇太子）を定めておく必要があった。

そうしたことからすれば、崇峻天皇は欽明《きんめい》天皇の子の世代の最後となり、したがって当時の慣例により、即位後、皇太子を立ててしかるべき立場にあった。ところが、皇太子が立てられる以前に崇峻天皇が殺されてしまったのである。

『日本書紀』によれば、推古天皇はこの皇位継承の危機と混乱を打開するために即位を要請されたのであった。しかし大事なのは、推古天皇がそれまでの慣習とは別個の原理で擁立されたということである。それは女帝であったためだが、天皇暗殺という異常事件の直後の緊張感のなかで、スムーズに豪族たちの合意形成を得るには推古天皇、すなわち女帝を、それもこれまでにない原理で擁立する以外に糸口は見出《みいだ》せなかったろう。天皇（大王）は群臣（諸豪族）の合意のもとで擁立されるというのが、当時の暗黙の了解となっていたからである。

だとすれば、推古天皇の擁立にさいしてとられた前例のない原理とは――。

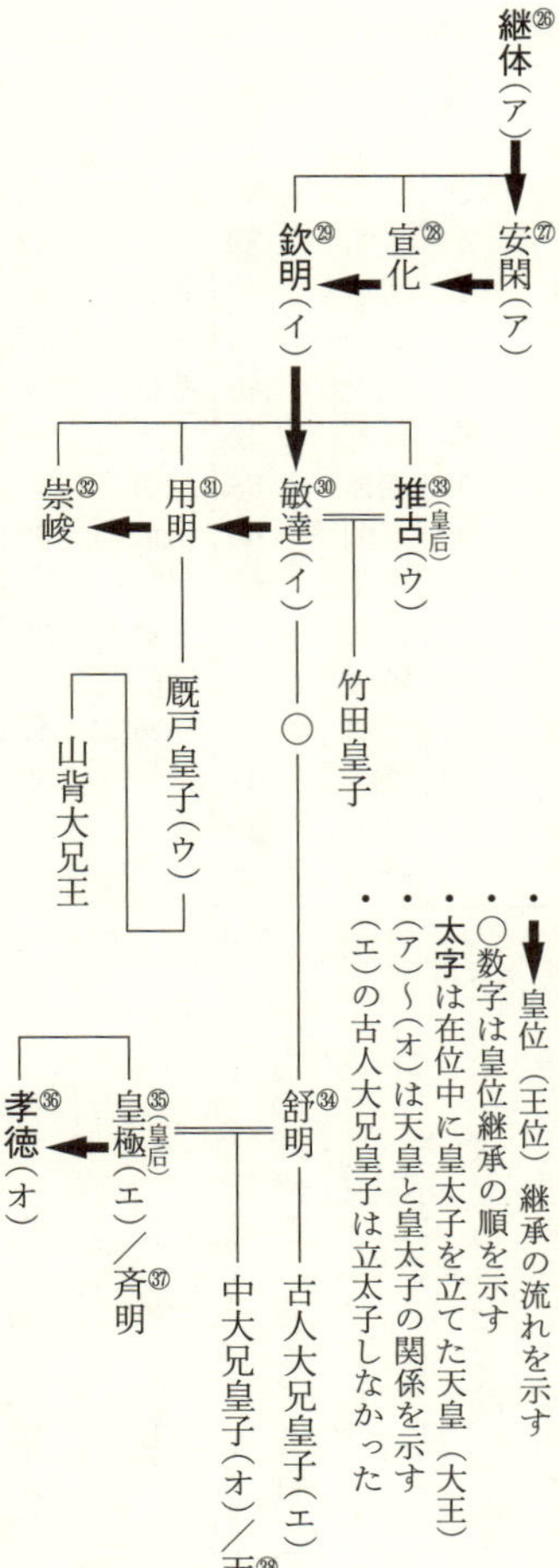

兄弟継承と立太子

天皇の即位年齢（数え年）

神武	52	反正（古）	56	皇極＊	49
綏靖	52	允恭	40	孝徳	?
安寧	20	安康（古）	53	斉明＊＊	62
懿徳	44	雄略	39	天智	43
孝昭	22	清寧	?	弘文	24
孝安	36	顕宗（古）	36	天武	?
孝霊	53	仁賢	40	持統	46
孝元	60	武烈	49	文武	15
開化	51	継体	58	元明	47
崇神	53	安閑	66	元正	36
垂仁	42	宣化	69	聖武	24
景行	47	欽明	?	孝謙＊	32
成務	48	敏達	?	淳仁	26
仲哀	44	用明	?	称徳＊＊	47
応神	70	崇峻	67	光仁	62
仁徳	?	推古	39		
履中	65	舒明	37		

『日本書紀』『続日本紀』による。（古）は『古事記』による。
＊は重祚した天皇

推古天皇の即位が厩戸皇子（聖徳太子《しょうとくたいし》）の立太子とセットで実現されたということである（系図(ウ)）。男帝には前例のないことで、これは女帝＝推古の即位が、皇太子＝厩戸の立太子があってはじめて完結するものであったことを示している。というより推古天皇が求められたのは、厩戸皇子の立太子を実現するためであったといってもよい。

厩戸皇子はこのとき十九歳、当時、即位は少なくとも三十歳以上というのが不文律となっていたから、厩戸皇子の擁立は不可能であった。そこで厩戸皇子を皇位継承者として位置づけるために、女帝推古が要請されたというわけである。そして、このような機能が、男帝と大きく異なる女帝独自の属性であったと考えてよい。

以上が、天皇暗殺という異常事件によって皇位継承の危機に陥り、しかも緊張感が極度に高まっているさなか、推古女帝が要請された理由である。

皇極女帝と古人大兄皇子

ところが皮肉にも、即位を期待された厩戸皇子は推古天皇に先立って亡くなってしまう。そして推古天皇没後に即位したのが、田村《たむら》皇子こと舒明天皇である。

系図から明らかなように、この舒明天皇も、在位中に皇太子を立てるべき立場にあったが、立太子のないまま没してしまい、そこで要請されたのが二人目の女帝皇極、すなわち中大兄皇子らの生母である。

こうした経緯から判断すると、この皇極女帝の即位もまた推古天皇と同様、皇子の立太子を実現するためであったことは明白である。その皇子とは、古人大兄皇子であった。

古人大兄皇子は舒明天皇の皇子（母は蘇我馬子の娘、法提郎媛《ほほてのいらつめ》）で、蘇我蝦夷が擁立を望んでいた。当時、群臣たちの期待は厩戸皇子の息子、山背大兄王にあったが、上宮王家《じょうぐうおうけ》（厩戸・山背大兄一家）と隔意が生じつつあった蘇我氏は、古人大兄皇子に親近感を抱いていたからである。先述した入鹿暗殺の現場に、皇極女帝とともにこの古人大兄皇子が侍《はべ》っていたのは、女帝の即位によって浮上した古人大兄皇子の立場による。ただし、その時点で古人大兄皇子が皇太子に立てられていたわけではない。山背大兄王に対する期待がなお大きいことを知っていた蝦夷は、時期尚早と見て皇極天皇の即位が実現した後も、なお立太子を差し控えていたのであった。

ちなみに、古人大兄皇子の立太子はその後機会があったにもかかわらず、結局実現しなかった。それどころか、蘇我氏（本宗家）が滅亡したあと、殺害される（二四頁）。もっとも『日本書紀』には、「古人太子」とか「吉野《よしの》太子」（大化元年九月三日条）などと、太子の称号で記されている。この呼称は、古人大兄皇子が皇太子たりうる人物であり、立太子の動きがあったことを暗示している。

こうしてみると推古女帝といい、皇極女帝といい、皇位継承の断絶にさいして要請されたものだが、第一義的には立太子を導き出すために擁立されたのであって、それが女帝に求められた役割であったということだ。だとすれば、次に問題となるのは、女帝の下で皇太子に立てられる皇子の条件であろう。

女帝即位と皇子の排除

これについてわたくしは、女帝の実子は立太子できず、皇位継承から除外されたと考えている。

たとえば推古天皇の即位については、実子の竹田《たけだ》皇子が成長するまでの中継ぎであったと見るのが、これまでの通説である。しかし譲位の慣習がなかった当時、竹田皇子への皇位継承の可能性はほとんどなかったろう。譲位が行われない以上、女帝であってもその死を待つ以外に、次の皇位継承はありえないから、推古天皇の役割が、竹田皇子が成長するまでの時間かせぎであったとは、とうてい考えられない。現に、推古天皇に先立ち竹田皇子は亡くなっている。

先述したように、推古天皇の即位とセットで立太子されたのは竹田皇子ではなく、厩戸皇子であった。このことは女帝に実子がいても、その女帝（母）の皇太子に立てられるわけではなかったことを示している。

皇極天皇の即位についても同様で、当時十七歳であった皇極天皇の実子、中大兄皇子の成長を待つ間の中継ぎであったとする理解が多い。しかし、立太子を期待された古人大兄皇子のライバルとして矛先が向けられたのは厩戸皇子の息子、山背大兄王であり、中大兄皇子は皇位継承のうえでは対象外であった。結局、山背大兄王は蘇我氏（入鹿）に襲撃され、妃妾らとともに自害する。上宮王家の滅亡であるが、留意したいのは中大兄皇子は皇位継承者として、蘇我氏の眼中になかったということである。皇極天皇が即位することで中大兄皇子の立太子が見込まれていたとするなら、入鹿は古人大兄皇子のライバルとして、真っ先に中大兄皇子を討ったであろう。しかし入鹿が中大兄皇子を殺害しようとした形跡は、まったくない。

こうしてみると、皇極天皇の即位や女帝としての立場は、実子中大兄皇子の皇位継承には何ら有効な手立てとはなっていなかったことが分かる。しかし、それこそが「女帝に求められた不文律」だったのである。

繰り返していうと、女帝の即位は皇太子を決めないままに天皇が没した場合、立太子（次の天皇）を導き出す役割を果たした。しかしその場合、女帝の実子は立太子できない、というのが女帝に求められた条件であった。女帝を立てることの狙《ねら》いが当面の政治的緊張の緩和にあったとすれば、この原則こそが天皇（女帝）への権力集中を避ける唯一の手立てであった。女帝の皇子を皇太子にしたのでは、新たに持続的な権力（女帝→その皇子）を再生することにほかならず、何の緊張緩和にもならないからである。そこに男帝でなく女帝の求められた意味があったといってよい。

三　復権

女帝の弟

女帝に求められた不文律によって、女帝として即位することが実子の立太子への可能性を奪う方向に作用したとするならば、いわゆる大化改新（蘇我本宗家を壊滅させたクーデターを干支《かんし》にちなんで乙巳《いっし》の変といい、以後の一連の改革を大化改新と呼んでいる）についても、皇位継承をめぐって別の事実が見えてくるのではないか。端的にいえば、事件の首謀者の一人であった中大兄皇子の目的は何であったのか、という問題である。

蝦夷が自尽した翌日、皇極天皇が中大兄皇子に譲位を申し出た当時に、話を戻したい。すなわち中大兄皇子は即答を避け、鎌足に相談したのであった。その鎌足の返答は、「且《しばら》く（しばらくの間）」叔父の軽皇子を即位させるというものであった。

兄弟継承を基本とする当時の皇位継承において軽皇子の立場は、皇極天皇の弟として重要な存在になっていた。鎌足自身もそうした軽皇子にかねてから心を寄せており、皇子が病気になったときなど、看病のため宿直《とのい》までしている。軽皇子も鎌足の器量を知って、寵姫《ちょうき》に命じ鎌足の身の回りの世話をさせている。これに感激した鎌足は舎人《とねり》に、「軽皇子こそ天皇となるべきお方です」と言い、これを聞いた皇子は大変喜んだとある。こうした二人の関係から見て、当初、鎌足は軽皇子を擁して蘇我打倒の構想を立てていたと考えられる。しかし「鎌足伝」には、その後鎌足が、「(軽) 皇子の器量、ともに大事を謀るに足らざりき (軽皇子はクーデターをともに実行するほどの度胸は持ち合わせていない)」と判断し、中大兄皇子に切り替えたと記す。

にもかかわらず鎌足がその軽皇子を即位させようとした真意は、古人大兄皇子（したがって皇極天皇）を退け、軽皇子の下で中大兄皇子の立太子を実現することにあったのではないか。そして、これが中大兄皇子も了解した鎌足の「議《はかりごと》」─謀議の内容であり、筋書きであったと考える。

古人大兄皇子か、軽皇子か

中大兄皇子から内密の奏上を受けた皇極天皇は、皇位継承の神器を軽皇子に授けて譲位した。これに対して軽皇子は、「古人大兄皇子は先帝 (舒明天皇) の子であり、また年長でもある。この二つの理由から皇位に即《つ》くのがもっともふさわしい」と言い、再三辞退して古人大兄皇子を推した。しかしこれを聞いた古人大兄皇子は、「天皇の聖旨に奉《うけたまわりしたが》順わん。何ぞ労《いたわ》しくして臣に推譲《ゆず》らん（私は皇極天皇の仰せのままに従います。どうしてわざわざ私に譲る必要がありましょうか）」と言って腰の大刀を地に投げ出し、法興寺（飛鳥寺）に行って出家、その後吉野に退いている。「天皇の聖旨云々《うんぬん》」については、のちに取り上げるが、蘇我氏（本宗家）の後押しを失った古人大兄皇子には、もはや何の力もなかった。入鹿殺害事件の主犯を石川麻呂と見抜きながら、「韓人が入鹿を殺した」と間接的にしか言えなかった古人大兄皇子のことが想起されよう。出家したのは中大兄皇子らの攻撃を恐れたためである。蘇我氏ゆかりの法興寺は、忠誠を誓うにもっともふさわしい場所であった。

結局、軽皇子こと孝徳天皇が即位し、その日、中大兄皇子が皇太子に立てられている。

こうした『日本書紀』の記述をめぐっては種々の議論がなされてきたが、確かなことは、この時点での皇位継承上の優先権は、軽皇子の発言からもうかがわれるように、舒明天皇の皇子のなかの最年長者、古人大兄皇子にあると見られていたことである。軽皇子が古人大兄皇子を推し、中大兄皇子の名を一度も口に出さなかったのは、皇極朝での中大兄皇子にはその資格がなかったからにほかならない。再三指摘したように、女帝の実子（皇子）は皇位継承の圏外にあったのである。

皇極天皇の「譲位」

ところでクーデターの後の皇極天皇の「譲位」について、これを皇位継承のうえでの初例と見る理解が一般化しているが、そうではない。

というのも、蝦夷・入鹿父子の誅滅《ちゅうめつ》は、古人大兄皇子の立太子を予定して擁立された皇極（朝）そのものが否定されたことにほかならないからである。したがって在位に意味がなくなった以上、皇極天皇は退かざるをえなかったであろう。皇極天皇の「譲位」が自発的であったか促されてのものか、明らかではないが、退かざるをえない状況のなかで皇極天皇が決意したことは間違いない。その意味で皇極天皇の「譲位」は、のちに制度化する譲位とは区別されるべきである。いわゆる譲位は、孫の珂瑠皇子（文武天皇）を擁立した持統天皇が初例である（二〇九頁）。

また皇極天皇の「譲位」について、鎌足の構想を中大兄皇子が内密で奏上したことの意味も重大である。それをあえて内密に奏上したのは、皇位継承の決定（孝徳天皇の即位＝中大兄皇子の立太子）が天皇の意思であることを示す必要があったからである。

前述したように一般に大王（天皇）は、群臣の合意と推挙を得て擁立されるのが原則であった。蘇我氏が倒れ後ろ盾を失ったとはいえ、古人大兄皇子は依然として皇位継承上最優先の立場にあった。その古人大兄皇子を抑えて軽皇子を擁立するには、皇極天皇の意思によるという錦《にしき》の御旗《みはた》が必要だった。これが「内密」に奏上したことの理由である。

中大兄皇子の立太子

こうして蘇我氏の構想した皇極＝古人体制は、完全に瓦解《がかい》し消滅した。かわって登場したのが孝徳天皇と、その下に立太子した中大兄皇子である。即位と同時に中大兄皇子の立太子がなされているのは、推古朝での厩戸皇子と同じで、孝徳天皇は、改新の推進者鎌足らが第二の〝皇極〟として擁立した天皇だからであった。このことの意味は重大である。それは、やがて明らかとなろう。

大化改新はいわれるように、東アジアにおける国際情勢に触発されて引き起こされたものである。しかし鎌足ら推進者にとっては、可能性のなかった中大兄皇子の立太子を実現したことにより、当面の目的は達成された。これが「大化改新における権力闘争」の意味である。

こうして立太子を実現した中大兄皇子であったが、しかしその立場は決して盤石なものではなかった。中大兄皇子を脅かしていたのは、吉野に籠もっていた異母兄古人大兄皇子の存在である。案の定、その古人大兄皇子が「謀反」を企てていたというのである。古人大兄皇子が吉野に入って三ヵ月後のことである。

古人大兄皇子の謀反

『日本書紀』によれば、九月三日、古人大兄皇子が、蘇我田口臣川堀《そがのたぐちのおみかわほり》、物部朴井連椎子《もののべのえのいのむらじしいのみ》、吉備笠臣垂《きびのかさのおみしだる》、倭漢文直麻呂《やまとのあやのふみのあたいまろ》、朴市秦造田来津《えちのはたのみやつこたくつ》と謀反を起こしたとある。ところが九日後の十二日、仲間の一人吉備笠臣垂が中大兄皇子に自首して、謀反を密告したのであった。これを聞いた中大兄皇子はただちに菟田朴室古《うだのえのむろのふる》、高麗宮知《こまのみやしり》に命じて兵を派遣して古人大兄皇子を討たせている。

謀反に加担したのは、蘇我系の田口臣《たぐちのおみ》をはじめ物部《もののべ》氏や吉備《きび》氏の一族、それに渡来系の倭漢文《やまとのあやのふみ》や秦《はた》氏など地方豪族であったことが留意される。吉野に隠遁《いんとん》する以前から、古人大兄皇子に近侍する人物であったと思われるが、隠遁後もひそかに連絡を取り合っていたのであろう。それだけ古人大兄皇子の立場と存在が重要であったということである。

ちなみに、『日本書紀』に引用される「或本《ある》（別の本）」では、垂が自首したのは阿倍内麻呂《あべのうちまろ》（左大臣）と蘇我倉山田石川麻呂（右大臣）に対してで、その密告も十一月三十日とし、その結果、中大兄皇子が阿倍渠曽倍臣《あべのこそべのおみ》と佐伯部子麻呂に命じて兵士三十人を派遣し、古人大兄皇子と子を斬らせたという。またキサキたちは自ら首をくくって死んだとも見える。

記載に多少の違いがあるにせよ、古人大兄皇子討伐にさいして直接指揮をとったのが中大兄皇子であったことは間違いない。

なお密告については、古人大兄皇子を除くための中大兄皇子の謀略であったという見方もあるが、真偽は定かでない。ただ、事件で処断されたことが明らかなのは、自害をしたキサキを除くと、古人大兄皇子とその子どもたちだけである。右に見たクーデター参加者のほとんどは、密告した垂を含めて事件後に復権している。そうしたことから判断すると、古人大兄皇子の殺害を企図して仕組まれた可能性は、きわめて高いといえよう。

それよりも留意したいのは、孝徳天皇ではなく皇太子中大兄皇子が矢面に立っていることで、すでにこの時点での中大兄皇子の立場や権限の強さを知ることができる。

以上が、激動の年、鸕野が誕生した大化元年における歴史の推移である。そして繰り返すことになるが、皇極女帝が即位することによって皇位継承権を失った鸕野の父中大兄皇子が、即位への切符を手にしたのがこの年であった。

鸕野の生涯はこのとき、方向づけられたといってよい。

第二章　幼少期（649年〜）

――衝撃を受けた「蘇我倉山田石川麻呂の自害」

山田寺跡　石川麻呂は中大兄皇子への忠誠を誓って自害した

	持統関係	年齢	社会情勢
大化5（649）	蘇我倉山田石川麻呂自害	5	冠位十九階の制定
白雉元（650）		6	白雉と改元
白雉2（651）	建皇子誕生 遠智娘没か	7	難波長柄豊碕宮に遷る
白雉4（653）		9	旻法師没 中大兄皇子ら難波から飛鳥に遷る
白雉5（654）	孝徳天皇没	10	高市皇子誕生
斉明元（655）	斉明天皇即位	11	飛鳥川原宮に遷る
斉明2（656）		12	後飛鳥岡本宮に遷る 「狂心渠」との誹謗あり

一　謀反

樹下の誓約

蘇我入鹿が殺されたのが皇極天皇四年六月十二日、父の蝦夷が甘樫丘にあった自邸に火を放って自害したのは翌十三日のことである。その翌日（十四日）皇極天皇の実弟、軽皇子が孝徳天皇として即位し、中大兄皇子が立太子したのであった。皇極天皇は皇祖母尊《すめみおやのみこと》（天皇の生母）と呼ばれることになる。

『日本書紀』によれば、この日、従来の大臣《おおおみ》・大連《おおむらじ》にかわって左大臣・右大臣が設けられ、それぞれ阿倍内麻呂（左大臣）と蘇我倉山田石川麻呂（右大臣）が任じられている。娘（小足媛《おたらしひめ》）が孝徳天皇の妃となっていた内麻呂は豪族の代表として、石川麻呂は乙巳の変の功績によって、それぞれ新政権の中枢として参画することになったのである。クーデターの最大の功労者である中臣鎌足は大錦冠《だいきんかん》を授けられ、内臣《うちつおみ》に任じられた（次頁のメンバー表参照）。内臣は左・右大臣と系列を異にする立場であり、中大兄皇子直属の政治顧問的地位である。ただし支配機構の序列からいえば、左・右大臣のほうが上位ということになろう。

十九日、孝徳天皇と皇極天皇（皇祖母尊）・中大兄皇子らは飛鳥寺の槻《つき》の樹の下に群臣らを召集し、天神地祇《てんじんちぎ》に結束を誓っている。その内容は、「帝道は唯一」であり、「君は二政無く、臣は朝《みかど》に弐《ふたごころ》無し（帝道はただ一つであり、天皇は二政を行わず、臣下は朝廷に二心を持たない）」というもので、皇室と群臣との一体化を確認すると同時に、天皇の絶対的地位を宣言したものである。「樹下の誓約」と称されるもので、〝改新〟政権・孝徳＝中大兄体制にとっての新たなスタートであった。年号は大化（大いなる徳化）と定められている。

繰り返すことになるが、鸕野が生まれたのはこの「誓約」が行われた年であった。それから三十四年後の天武天皇八年（六七九）、鸕野は夫天武天皇や六人の皇子たちとともに吉野宮（宮滝《みやたき》宮跡）を訪れ、それぞれと「誓約」を交わしている。この二つの「誓約」を重ね合わせて理解することが多いが、はたして、鸕野はそのとき「樹下の誓約」に思いを馳《は》せることがあったのだろうか、吉野入りを述べるときに、もう一度想起することにしよう。

天　皇（孝徳）―皇太子（中大兄皇子）
- 左大臣（阿倍内麻呂）
- 右大臣（蘇我倉山田石川麻呂）
- 内　臣（中臣鎌足）
- 国博士（高向玄理・旻）

改新の新政権

難波遷都

さて、こうして改新政権はスタートした。時に孝徳天皇は五十歳前後と推定され、中大兄皇子は二十歳、鎌足は三十二歳であった。その孝徳天皇が都を飛鳥から難波《なにわ》に遷《うつ》したのは大化元年（六四五）十二月、蘇我氏（本宗家）を倒してからわずか半年後のことである。

ただし難波に遷った天皇たちは、しばらく子代《こしろ》離宮（小郡宮《おごおりのみや》）に仮住まいしながら難波長柄豊碕宮《ながらとよさき》の造営にあたったようである。今日の大阪城跡の南、上町《うえまち》台地辺り一帯であったと考えられている。豊碕宮はおよそ六年の歳月をかけて完成され、白雉《はくち》二年（六五一）十二月に遷っている。そのとき鸕野は七歳、すでに善悪の判断ができる年齢になっていた。

難波は古くからの外港であり、飛鳥時代においても重要な土地であったが、蘇我氏を倒した新政権がこの時期難波に遷都したのは、朝鮮半島情勢に対処するためではなかったか。すなわち、当時の半島（高句麗《こうくり》・新羅《しらぎ》・百済《くだら》の三国）情勢は唐《とう》との関係をめぐってきわめて流動的であり、おそらく三国との外交政策を積極的に展開するうえで難波に遷都したものと思われる。その点では孝徳天皇も中大兄皇子も異論はなく、遷都に踏み切ったのであろうが、しかし両者の対立は、すでにこのときから始まっていた。

孝徳天皇は、かつて鎌足から「天皇となるべき人物である」と言われ、喜んだことから知られるように、即位を期待する気持ちは強かった。それが現実になった孝徳天皇が、簡単に鎌足らの期待する第二の〝皇極天皇〟になったとは思えない。

案の定、即位後の孝徳天皇は公民や土地に対する新政策を次々と打ち出すなど、政治に対しては積極的かつ意欲的であった。当初、鎌足が見込んだ通り、孝徳天皇の力量は、その施策を見ても十分に認められる。

孝徳天皇と中大兄皇子との軋轢《あつれき》が表面化したのは、難波遷都の前後からである。しかもこの間、中大兄皇子に関わる事件が起こっている。

密告

一つは、前述した古人大兄皇子の「謀反」の発覚である。難波遷都（六四五年）の三ヵ月前のことで、「謀反」の具体的な内容は不詳であるが、中大兄皇子の立場の強さを示すものであったことについてはすでに述べた。

二つは、右大臣蘇我倉山田石川麻呂の讒言《ざんげん》事件である。

大化五年（六四九）三月二十四日、今度は石川麻呂が中大兄皇子の殺害を企てているとの密告が、やはり皇太子中大兄皇子にもたらされている。密告したのは蘇我日向（身狭、身刺《むざし》とも）で、石川麻呂は皇太子が海岸に遊覧されるところをうかがって殺害しようと考えています、と訴え出たのである。日向は石川麻呂の異母弟で、かつて石川麻呂の長女を連れ去った人物である（六頁）。

中大兄皇子はこれを信じたが、孝徳天皇は使者を派遣し、石川麻呂に真偽をただしている。しかし石川麻呂の答えは、天皇に会って真実を述べたいと繰り返すばかり、そこでついに天皇は軍兵を派遣して、石川麻呂の邸宅を囲んだ。すでに謀反人扱いであった。

包囲された石川麻呂は二人の子（法師と赤猪《あかい》）を伴い、難波を脱出して大和《やまと》の飛鳥に逃れた。

山田寺跡（倒壊した東西廻廊）（写真・読売新聞社）

そこには長男の興志《こごし》がいて、氏寺（山田寺）の造営にあたっていた。逃げてきた父を寺に迎え入れた興志は、進軍して一戦を試みようと主張したが、石川麻呂は許さなかった。『日本書紀』によれば翌二十五日、石川麻呂は山田寺の衆僧と興志ら数十人に向かい、自身が潔白であること、寺は天皇のために請願して造ったものであること、寺に来た理由は最期を安らかに迎えるためであること、などを述べたあと、仏殿の戸を開き、「願わくば、我生々《よ》世々《よ》に君王《きみ》を怨《うら》みまつらじ（私は未来永劫《みらいえいごう》君王をお恨みするようなことはありません）」と誓いを立てて、自ら首をくって死んだ。妻子八人もまた後を追って自害した。

「皇太子の書」

翌日（二十六日）の夕方、日向らは寺を包囲し、物部《もののべの》二田 造 塩《ふつたのみやつこのしお》に命じて石川麻呂の首を斬らせている。自害を認めず、麻呂を斬刑《ざんけい》に処したことを表明するもので、孝徳天皇の糾弾の厳しさをうかがわせよう。三十日には関係者の処刑が行われた。斬首十四人、絞首九人、流刑十五人に及んでいる。古人大兄皇子の謀反をはるかに超える大事件であった。

しかし事件後、石川麻呂の私財を没収したさい、そのなかに、良書の上には「皇太子の書」、重宝の上には「皇太子の物」と記してあったことから、石川麻呂の忠誠心を知った中大兄皇子は早まった処置に後悔し、大いに恥じ入ったとある。その結果、日向を筑紫大宰帥《つくしのおおみこともちのかみ》に任命した。世の人は、これを「隠流《しのびながし》か（体のいい左遷か）」といったという。のち平安時代、大宰《だざいの》権帥《ごんのそち》に左遷された菅原道真《すがわらのみちざね》とは異なり、この当時の大宰帥は九州諸国を統括する責任者であり、重要なポストである。目立った活躍のない日向にとってはむしろ出世であり、栄転させる形で都から遠ざけ、左遷したというのである。

真相は？

以上が『日本書紀』に記す事件の顚末である。ほかに関係史料がなく、事件の解明は容易でないが、手がかりが皆無というわけではない。

すなわち一つは、中大兄皇子殺害という事件の性格上、密告が中大兄皇子にもたらされたのは当然としても、中大兄皇子はそれを孝徳天皇に内報し、報告を受けた孝徳天皇が問責の使者を派遣し処断していることである。当事者であるはずの中大兄皇子が動いた形跡がないのは、中大兄皇子の政治的立場からいって違和感が生じよう。四年前、古人大兄皇子謀反という密告が中大兄皇子にもたらされたとき、それを聞いた中大兄皇子はただちに兵を派遣し、古人大兄皇子と子どもらを斬らせているからである。天皇孝徳が古人事件に関わった形跡はない。にもかかわらず石川麻呂事件に限っては自身が動かず、孝徳天皇に内報して以後は事件との関わりは見られない。孝徳天皇を引っ張り出して石川麻呂を処断させた中大兄皇子には、思惑があったとしか考えられないのである。

二つは、問責を受けた石川麻呂がその使者に弁明することを拒否し、孝徳天皇に直接奏上したいと言い続けたことである。中大兄皇子に弁明するのではなく、石川麻呂が孝徳天皇に拘《こだわ》っているのは、これも理由があってのことに違いない。

三つは、石川麻呂が孝徳天皇への弁明に固執していたにもかかわらず、結局孝徳天皇には何一つ言い残さず、中大兄皇子あての書を置き土産としていることである。石川麻呂の心中をどのように推し量ればいいのか。孝徳天皇や中大兄皇子に対して、石川麻呂はいったい何を言いたかったのか、誰しも疑問を抱くであろう。

四つは、密告者日向を「隠流」にしたのが天皇孝徳ではなく、皇太子中大兄皇子だったことである。事件のイニシアティブは、いったい誰がとったのか、判断に苦しむ。

こうした事件の不自然さは、『日本書紀』の記述の真偽にも関わってこよう。しかし、そのことを差し引いても、最大の問題は石川麻呂が孝徳天皇に陳弁を願いつつ、それが叶《かな》わないことを知って下した結論が、中大兄皇子に対する忠誠心の表明だったことの意味である。あれほど孝徳天皇に直接奏上したいと言い続けた石川麻呂が、なぜ言葉を残さないまま自害という道を選んだのか。

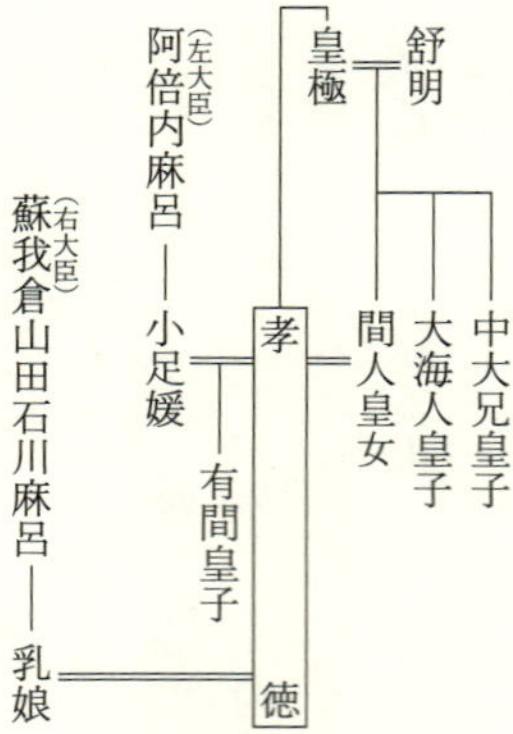

孝徳天皇のキサキ

つまるところ、それこそが孝徳天皇に対する意思表示であり、弁明であったとしかわたくしには思えない。石川麻呂は、「弁明なき自害」をもって孝徳天皇に訴えたのである。それは、孝徳天皇に自重を促すことであった。

結論を先にいえば、この事件の標的は石川麻呂ではない。真のターゲットは、孝徳天皇であった。そのことを明らかにするために、再度事件を分析してみたい。

石川麻呂と孝徳天皇

まずこの事件を不自然に思うのは、左大臣阿倍内麻呂が病死して七日後の出来事だったことである。その結果、孝徳天皇は左・右大臣という二人のブレーンを一週間で失ってしまった。孝徳政権は両手をもぎ取られたわけで、石川麻呂事件が偶然に起こったものだとすれば、あまりにもできすぎた感がする。石川麻呂事件は、左大臣の死をきっかけに意図的に仕組まれた可能性が高いのではないか。

左・右大臣の二人は、ともに娘を孝徳天皇に納《い》れて姻戚関係を結んでいたが、なかでも石川麻呂に対する孝徳天皇の信任は厚く、政権発足当初は石川麻呂に相談することも少なくなかったようだ（『日本書紀』大化元年七月十二日・十三日条）。石川麻呂も仏教に傾倒する孝徳天皇に対して天神地祇を祀《まつ》ることの大切さを奏上するなど、両者の信頼関係はきわめて良好だった。もっとも事件直前には、孝徳天皇と多少、齟齬《そご》をきたすようなこともあった。というのも大化四年に旧来の冠を廃止したにもかかわらず、内麻呂（左大臣）とともにそれを拒否し、なお古い冠を着用していたというから、改新政権の施策に対してささやかな抵抗を試みていたのかもしれない。

いずれにせよ『日本書紀』は、即位した孝徳天皇がさまざまな詔を下して政策を打ち出し、急ピッチで改新政治を進めている様子を記している（前述）。それは中大兄皇子や鎌足の思惑をはるかに超えるもので、政治に対する熱意と力量に、中大兄皇子・鎌足らが危機感を抱いたとしても不思議はない。そうしたことから判断すると、事件は孝徳天皇を切り捨てるために企てられたとしか思えない。また、そのように考えれば密告を受けながらも中大兄皇子が動かなかったこと、石川麻呂が孝徳天皇に対する弁明に拘ったこと、中大兄皇子に対する忠誠心を置き土産に自害したことなど、すべての疑問が氷解するのである。

孝徳天皇への諫言

すなわち、古人事件と違って当事者（殺害の標的）である中大兄皇子が動かなかったのは、石川麻呂を孝徳天皇の手で処罰させるためであった。左大臣内麻呂についで右大臣石川麻呂を失うことは、孝徳天皇にとって大きな痛手であった。しかも、それを孝徳天皇自身の手で断罪させることは、二重のダメージを与えることになったろう。中大兄皇子の狙いはそこにあった。石川麻呂との間に亀裂が生じつつあったこの時期こそ絶好の機会であり、事件はそうした孝徳天皇の心の隙間《すきま》に乗じて企てられたように、わたくしには思われる。むろん、背後に策士鎌足がいたことはいうまでもない。

しかし石川麻呂は、そうした中大兄皇子の心底を見抜いていた――。

入鹿暗殺をともにはかった石川麻呂は、孝徳天皇を擁立した鎌足らの「議《はかりごと》」を見破っていたはずである。石川麻呂が問責の使者への弁明をあくまでも拒否し、孝徳天皇に直接会って奏上したいと言い続けたのは、鎌足・中大兄皇子らの「議」、すなわち二人が期待する孝徳天皇への役割を諭すためであったとしか思えない。しかし、それが叶わないことを知った石川麻呂は、中大兄皇子あての書を残して自らの無実を表明するとともに、それによって改新政権における中大兄皇子の立場、もっといえば主導権が中大兄皇子にあることを示唆したものと考える。それはまた、孝徳天皇の政治姿勢に対して、暗に自制を促す諫言《かんげん》でもあったろう。

以上が、石川麻呂が孝徳天皇には言葉を残さず、中大兄皇子に対して忠誠心を示した理由であると考える。中大兄皇子と孝徳天皇の二人に対して、石川麻呂は「無言の死」をもって忠誠を誓ったのであった。

長々と石川麻呂事件の顚末を述べてきたのは、石川麻呂が鸕野の母方の祖父だったからである。事件が起こったとき、鸕野はわずか五歳であった。物心つくかつかない鸕野の心に、祖父の死は暗い影を落としたに違いない。しかし、鸕野の不幸はそれで終わったわけではなかった。

母の死

石川麻呂の自害は、鸕野の母、遠智娘に大きな衝撃を与えた。遠智娘は父が塩(石川麻呂の首を斬った二田塩《ふつたのしお》)に斬刑されたことを聞いて泣き崩れ、塩という名を耳にするのも嫌い、ついに心痛のあまり亡くなってしまった。

そのことを聞いた中大兄皇子は深く傷み悲しみ、それを目にした野中川原史満《のなかかわらのふひとまん》は次のような歌二首を献じたとある。

一首は、

山川に　鴛鴦《おし》二つ居て　偶《たぐ》いよく　偶《たぐ》へる妹《いも》を　誰か率《い》にけむ

(山川にオシドリが二羽いて仲良く連れ添っている。そうした妻を、誰が連れ去ってしまったのか)

もう一首は、

本毎《もとごと》に　花は咲けども　何とかも　愛《うつく》し妹《いも》が　また咲き出来《でこ》ぬ
（株ごとにみな花は咲いているのに、どうして愛《いと》しい妻は出てこないのか）

歌を聞いた中大兄皇子は感慨をもよおし、歌を褒《ほ》めて「悲しきかも（悲しい歌だなあ）」と言ったという。そして琴を授けて唱和させ、絹・布・綿を与えている。

ただし『日本書紀』では、事件を悲しんで亡くなった中大兄皇子の妃を「蘇我造媛《みやつこひめ》」と記しており、これを遠智娘（鸕野の母）と見る説がある一方で、別人との理解もある。前者は「持統称制前紀」に鸕野の母を遠智娘といい、別名は美濃津子娘《みのつこのいらつめ》と記していることから、美濃津子＝美野津子《みやつこ》＝造媛と理解するのである。もっとも遠智娘は事件から二年後、白雉二年（六五一）に建《たける》皇子を生んでいるから、亡くなったのが事件直後というわけではない。その点は多少気にはなるが、父の斬刑によってショックを受け、それがもとで二年後に亡くなったということは、十分にありうることであろう。ちなみに石川麻呂の娘で中大兄皇子の妃になっているのは遠智娘以外には姪娘《めいのいらつめ》（後の元明《げんめい》女帝の母）だけであり、確証があるわけではないが、亡くなった造媛は遠智娘と見て間違いないと思う。

遠智娘がいつ亡くなったのかは分からないが、建皇子を出産してから間もない時期ではなかったか。だとすれば、鸕野は七、八歳で母を失ったことになる。遠智娘が亡くなったあと、残された大田・鸕野の二人の姉妹は弟の建皇子とともに祖母皇極のもとで養育されたとも、姪娘によって育てられたともいわれるが、多感な少女期に祖父が亡くなり、ついで母を失ったその悲しみを思うと、哀れでさえある。
こうして鸕野は、人生の荒波に放り出されていったのである。

二　斉明天皇の重祚

飛鳥還都

難波遷都の前後から表面化しつつあった中大兄皇子と孝徳天皇との対立であるが、両者の関係が破局したのは白雉四年（六五三）のことである。この年、中大兄皇子が皇極・間人《はしひと》皇后・大海人皇子らを伴い、飛鳥に引き上げてしまった。鸕野らも、父中大兄皇子に伴われて難波をあとにしている。

僧旻《みん》が亡くなったのもこの年である。かつて小野妹子《おののいもこ》たちに従って隋《ずい》に留学し、帰国後は高《たか》向玄理《むこのくろまろ》とともに国博士《くにはかせ》として、孝徳朝の諸改革に主導的役割を果たしてきた。亡くなる前月（五月）、旻法師を見舞った孝徳天皇はその手を取り、今日あなたが死ねば、あなたに従って私も明日死ぬと言ったという（『日本書紀』）。四年前に左・右大臣を失った孝徳天皇にとって、そうした旻の死は追い打ちをかけるようなショックだったに違いない。中大兄皇子が都を飛鳥に戻すべきことを提言したのは、その矢先のことであった。むろん孝徳天皇は、還都を許さなかった。しかし、中大兄皇子は孝徳天皇をまったく無視して飛鳥に戻ってしまう。役人の大半も中大兄皇子に従い、難波宮を去っている。

難波宮（難波長柄豊碕宮）が完成し、改革政治が本格的に展開しつつあった当時の政治状況を考えると、中大兄皇子がなぜ還都を進言したのか、誰しも疑問を抱くところであろう。

いっぽう、孝徳天皇が中大兄皇子の要請を拒否した理由については、対外政策の対立とする見方や、女性（間人皇后）をめぐる感情問題があったとする意見など、さまざまであり、真相は分からないというのが事実である。しかし、心の支えであったろう昊までも失い、孝徳天皇には補佐する人物がいなくなってしまったことを考えると、中大兄皇子の飛鳥還都は、孝徳天皇の孤立化を意図的にはかったものとしか思えない。いわば孝徳いじめである。それは繰り返しいうように、孝徳天皇が予想というか、期待に反して第二の〝皇極〟にならなかったからである。

失意の孝徳天皇は、山崎《やまざき》（京都府乙訓《おとくに》郡）の地に宮殿を造らせ隠棲《いんせい》を決意するが、翌年十月、完成を見ないまま、難波で病没した。孝徳天皇の病を聞いた中大兄皇子は、皇極や間人皇后・大海人皇子らとともに難波宮に駆けつけている。むろん鸕野らも伴われていたに違いない。

時代に翻弄《ほんろう》された孝徳天皇の生涯は、哀切極まるものがある。残された孝徳天皇の息子有間《ありま》皇子（母は阿倍内麻呂の娘、小足媛《おたらしひめ》）は十五歳であった。難波での数年間、有間皇子と顔を合わせることも少なくなかったはずの鸕野は、皇子の悲しみに心を痛めたであろうと思われる。

再び即位を断念

年が明けて斉明《さいめい》天皇元年（六五五）正月、飛鳥板葺宮で皇極が再び即位（重祚《ちょうそ》）した。斉明天皇、時に六十二歳であった。重祚は本人の意志によるものでなく、鎌足の提案であったことはまず間違いない。むろん、中大兄皇子も諒承《りょうしょう》するところであった。

それにしても、皇太子であり、すでに三十歳に達していた鸕野の父中大兄皇子が、なぜ即位しなかったのか、誰しも不思議に思うであろう。天皇より皇太子の立場でいるほうが政治上の主導権を握ることができたからという見方もあるが、そうではあるまい。

理由は、孝徳天皇の死に様にあるとわたくしは考える。すなわち難波宮に独り取り残され、失意のうちに亡くなった孝徳天皇は、いわば中大兄皇子によって殺されたも同然である。理不尽な死を強要した中大兄皇子に対して、非難が集中するのは当然である。まして、その中大兄皇子がすぐさま即位したのでは皇位の簒奪者、亡者《もうじゃ》と見られ、人望を失うことは明らかである。かつて蘇我入鹿の暗殺事件（乙巳の変）後、自らの即位を断念し、軽皇子（孝徳天皇）を擁立したことが想起されたろう。皇位の簒奪者であることを大義名分として蘇我氏を討滅した中大兄皇子は、今回も即位を見送らざるをえなかったのである。人望を失うことは、為政者たる者がもっとも恐れるところであった。

以上が、中大兄皇子が即位を断念し、皇極天皇が重祚した理由である。

ちなみに斉明朝について、「悉《ことごと》く庶務をもちて皇太子に委《ゆだ》ねたまいき」（「鎌足伝」）とあるように、中大兄皇子は執政権を保持している。斉明天皇の重祚によって、中大兄皇子の政治力が損なわれることはなかった。

そして大事なことは、皇極女帝の重祚（＝斉明女帝）によって、当然中大兄皇子自身の即位は遠のくが、すでに皇太子となっている以上、女帝の実子は立太子しないという慣例に制約されることもない。というより、そうした不文律を事実上空洞化してしまった。その意味で皇極の重祚が女帝の歴史に及ぼした影響はまことに大きい。

狂心の渠

斉明天皇が即位した飛鳥板葺宮は、かつての皇極天皇時代の宮殿である。入鹿がこの宮殿で暗殺されたのは十年前のことだった。孝徳天皇を難波に独り残して飛鳥に戻ってきたその年（六五三年）、中大兄皇子らは飛鳥河辺行宮《かわべのかりみや》に遷居していたが、さしずめ宮殿としてふさわしい建物は板葺宮以外になかったようである。板葺宮が再び用いられた。父の中大兄皇子に連れられて飛鳥に戻ってきた鸕野も、以後しばらくは姉（大田皇女）や弟（建《たける》皇子）らとともにここで暮らすことになった。鸕野は九歳になっていた。

即位後の斉明天皇は、早速新たな宮殿の造営に着手している。この年十月、小墾田《おはりだ》に瓦葺《かわらぶ》きの宮殿を造ろうとし、深山広谷に木材を求めている。しかし朽ち爛《ただ》れた木材が多く、結局工事は中止、瓦葺宮はついに完成されなかった。翌年、斉明天皇は後飛鳥岡本宮《のちのあすかのおかもとのみや》を造営している。

斉明天皇が即位した板葺宮（＝皇極天皇時代の板葺宮）は蘇我氏の氏寺法興寺（飛鳥寺）の南方に位置するが、近年の発掘調査によって、皇極天皇以前、夫（舒明天皇）の岡本宮が営まれたところで、斉明天皇が重祚後に造営した後飛鳥岡本宮も、その上に造られたことが判明している。

狂心渠跡（飛鳥東垣内遺跡）。人びとから無駄な溝工事と非難された。その一部が確認されている（写真・明日香村教育委員会）

孝徳天皇によって難波遷都が実施され、その間八年、飛鳥は放置されたままであった。そうしたことを考えると、これらはいわば飛鳥の再開発であり、飛鳥を難波宮に代わる都に仕立てようとする意気込みといったものが感じられよう。ちなみにその後、壬申の乱を勝ち抜いた大海人皇子と鸕野が営んだ飛鳥浄御原宮も、その上層地に造営されたという。これまで伝飛鳥板葺宮跡として親しまれてきた一帯は、舒明・皇極・斉明・天武（持統）の宮殿が重なって営まれていたのである。その名称が、飛鳥京（宮）跡と変更された理由である。

飛鳥京跡苑池　飛鳥宮の庭園遺構。わが国最初の本格庭園といわれ、最近、流水施設の遺構が発見されて話題を呼んだ（写真・読売新聞社）

なお、即位後の斉明天皇は「興事《こうじ》を好む（事業を興すことを好んだ）」といわれたように、田身嶺《たむのみね》（多武峰《とうのみね》）に垣を築いて頂上に両槻宮《ふたつきのみや》（天宮《あまつみや》・双槻宮《なみつきのみや》とも）と呼ばれる高殿を建てる一方、香《か》（久《ぐ》）山《やま》から石上山《いそのかみやま》まで渠《みぞ》を掘らせ石垣を造らせている。とくに渠の造営には延べ三万余人、石垣には七万余人の労働力が投入されたといい、人びとは「狂心《たぶれごころ》の渠」といって非難した。飛鳥京跡の東、岡寺山《おかでらやま》と称する丘陵の西側から人工的に改修された流路が見つかり、それが香具山《かぐやま》の西を流れる中《なか》の川（米《よね》川《かわ》支流）につながると考えられるところから、このルートが「狂心の渠」であったと見るのが通説となっている。

飛鳥の景観

古代における飛鳥の景観は斉明朝に出来上がったともいわれるが、国家儀礼の場として整備されたといわれる石神《いしがみ》遺跡をはじめ、中大兄皇子が漏尅《ろうこく》（水時計）を置いたという水落《みずおち》遺跡（水時計台）など、関連の遺跡が近時次々と検出されている。斉明朝の具体的な様相がいっそう明らかになることを期待したい。そのほか、斉明天皇は吉野にも離宮を造っている。今の吉野町宮滝《みやたき》とする説が有力であるが、これについては後にふれよう。

それはともかく、こうした斉明天皇の「興事」は、むろん女帝の意思と無関係ではなかろうが、すべてが斉明天皇の個人的好みによるものとはとうてい思えない。暗渠《あんきょ》や人工運河の開削、あるいは数々の軍事的施設の造営は、中大兄皇子や鎌足の意に出るものと見て間違いない。阿《あ》倍比羅夫《べのひらふ》を遣わしての東北遠征や百済救援のための新羅出兵なども、国内の防衛強化を第一義と考える中大兄皇子の意向によることは明らかである。このあと、孝徳天皇の息子有間皇子がクーデターを計画するが、そのとき掲げた斉明朝の三つの失政は、それはそのまま中大兄皇子に対する批判でもあった（五〇頁）。

こうした厳しい情勢下で、鸕野は十一、二歳になっていた。考えてみれば、物心ついたときからただならぬ時代のなかで成長してきたといってよい。そして確かなのは、斉明天皇に対する批判や海外情勢による緊張感の高まりによって、飛鳥の都が重苦しい、不穏な空気に包まれていたことである。鸕野はそうした都で多感な少女期を過ごしたのである。

鸕野は十三歳になったとき、大海人皇子の妃となった。その頃のこと、鸕野の身近で、また衝撃的な事件が起こっている。孝徳天皇の息子有間皇子による謀反である。

三　有間皇子の悲劇

陽狂の皇子

事件が起こったのは鸕野が結婚した翌年、斉明天皇四年（六五八）のことである。有間皇子の母は、大化改新後に左大臣に任じられた阿倍内麻呂（倉梯麻呂《くらはしまろ》）の娘小足媛《おたらしひめ》で、舒明天皇十二年（六四〇）に有間皇子を産んでいる。

有間皇子の父孝徳天皇が中大兄皇子の圧力を受け、失意のうちに難波宮で亡くなったことについてはすでに述べた。そのとき、有間皇子は十五歳であった。中大兄皇子たちが飛鳥に引き上げてしまったあと、孝徳天皇に付き従って難波に残ったのはわずかの従者たちと、この有間皇子だけだった。中大兄皇子に怨みを抱いたまま亡くなっていった父を、有間皇子はどのような想《おも》いで見送ったのか、思えば胸が痛む。しかし確かなことは、入鹿の暗殺以来、古人大兄皇子や蘇我倉山田石川麻呂らが中大兄皇子によって抹殺され、同様に父の孝徳天皇も死に追いやられたという残酷な事実であった。中大兄皇子を恐れ、自身の保全を考えたのは、むしろ当然であったろう。

『日本書紀』斉明天皇三年九月条によると、有間皇子について「性《ひととなり》黠《さと》くして陽狂《いつわりたぶれ》す（悪賢い性格で、狂人をよそおった）」とある。また、「牟漏《むろ》温湯《ゆ》に往きて病を療《おさ》むる偽《まね》して来（牟漏温泉に行って病気療養の真似《まね》をし、帰ってき)」たとも記している。孝徳天皇の皇子として、皇位継承資格者という点で微妙な立場にあったことは間違いない。狂人をよそおったというのも、政争に巻き込まれないための方便であったろう。しかし、そのことがかえって中大兄皇子に対する憎悪を増幅し、心底に沈潜させていたことは間違いない。

その有間皇子に近づき言葉巧みに唆《そそのか》したのが、蘇我赤兄《あかえ》であった。鸕野の祖父石川麻呂を誣告《ぶこく》した日向の弟で、石川麻呂が自害し日向が左遷されたあと、蘇我氏の代表的立場にあった。

鸕野の弟、建皇子

それは、斉明天皇たちが牟漏温湯に出かけて、飛鳥を留守にしていたときである。この年(六五八年)五月、斉明天皇の孫建皇子が八歳で亡くなった。中大兄皇子と遠智娘との間の息子、鸕野の同母弟である。生まれつき話すことができず、障害を持っていたようである。

建皇子は祖父倉山田石川麻呂が自害した(六四九年)二年後の生まれであるが、生母の遠智娘は出産して間もなく亡くなった。建皇子は母の顔をまったく知らずに育ったわけである。斉明天皇はそんな孫王をことさら可愛《かわい》がり、愛情を注いでいたようで、建皇子を失った悲しみははなはだしかった。遺体を埋葬したあと、斉明天皇は、自分の死後に必ず合葬するようにと命じている。また挽歌(三首)を作り、事あるごとにそれらを口ずさんでは涙したという。次は、『日本書紀』に記すそのうちの一首である。

今城《いまき》なる　小丘《おむれ》が上に　雲だにも　著《しる》くし立たば　何か嘆かむ

（今城の丘の上に、せめて雲だけでもはっきりと立ったなら、どうしてこれほど嘆くことがあろうか）

今城（谷）とは、建皇子が葬られた地であるが、孫を失った斉明天皇の悲泣が今も聞こえてきそうである。

そんな斉明天皇が牟漏温湯の湯治に出かけたのは、悲しみを癒《い》やすためでもあったろう。前年（六五七年）九月に有間皇子が牟漏温湯に出かけており、その効能を聞いた斉明天皇はぜひ行ってみたいと考えていたという。湯治には中大兄皇子をはじめ、史料には見えないが鎌足や大田皇女・鸕野の姉妹、大海人皇子らも従ったに違いない。

三つの失政

そのとき赤兄は留守《るす》官として飛鳥に残っていたのであるが、もともと中大兄皇子と親しい間柄であったという。その赤兄が十一月三日、有間皇子に、斉明女帝の三つの失政をあげて謀反を勧めている。赤兄がいう失政とは――。

一つは、大きな倉庫を建てて民の財を集積したこと、

二つは、長い溝を掘って公粮《こうろう》を浪費したこと、

三つは、舟で石を運び、それを積んで丘にしたこと、

であった。これを聞いた有間皇子は、「この年齢になってやっと兵を挙げるときが来た」と言って喜び、赤兄に同意したという。有間皇子の心の奥底に鬱積《うっせき》していたものを見る思いがする。

二日後（五日）、赤兄の家で謀議が行われたが、そのさなか、脇息《きょうそく》が折れたことで不吉を感じた有間皇子は、謀議を中断して帰宅した。しかし、その夜半、赤兄は兵を派遣して有間皇子の家を包囲させる一方、急使を牟漏の斉明天皇のもとに走らせて謀反を告げた。これを、赤兄の裏切り行為による垂れ込みと見られなくもないが、そうではあるまい。赤兄と中大兄皇子との親密な関係を考えると、通説のように、赤兄の行動は中大兄皇子の意を受けたものであり、そのワナに有間皇子がまんまとはまったということである。ちなみに『日本書紀』に記す「或本」によれば、その計画は宮殿（後岡本宮《のちのおかもとのみや》）を焼き、五百人の兵士を牟漏津に派遣して封鎖、同時に軍船をもって牟漏と淡路《あわじ》との航路を断つというものであったという。しかし、その計画が実現することはなかった。

家にあれば

捕縛された有間皇子が牟漏に護送され、中大兄皇子の審問を受けたのは九日のことである。

『日本書紀』によれば、「なにゆえに謀反を企てたのか」と尋問する中大兄皇子に対して、有間

藤白神社（和歌山県海南市）　斉明天皇が牟漏温湯に出かけたときに祀ったと伝えられる。境内を抜けてしばらく行った辺りが藤白坂

皇子は「天《あめ》と赤兄と知らむ。吾全《もは》ら解《し》らず」、すべては「天」と赤兄とが知っていることで、私は何も知りません、と答えたという。有間皇子が発した「天」という言葉こそ、中大兄皇子をさすというのが、わたくしの考えである。繰り返すまでもないが、斉明朝において中大兄皇子の立場は皇太子であったが、事実上、「天」すなわち天皇にほかならない存在だったからである。

それから二日後の十一月十一日、有間皇子は藤白《ふじしろ》坂《ざか》（和歌山県海南《かいなん》市）において絞首された。護送される途中に一夜を明かした磐代《いわしろ》（岩代）で、有間皇子が詠んだという歌二首が『万葉集』に収められている（巻二―一四一・一四二）。

磐代の　浜松が枝《え》を　引き結び　真幸《まさき》くあらば　また還《かえ》り見む

（岩代の浜松の枝をこうして結んでいく、もし幸運にも無事でいられたなら、また帰りにこの松を見ることができるであろう）

家にあれば　笥《け》に盛る飯《いい》を　草枕　旅にしあれば　椎《しい》の葉に盛る
（家にいたならば器に盛ってお供えをする飯なのに、今は旅の身であるのでそれができず、こうして椎の葉に盛る）

有間皇子が、中大兄皇子の温情を期待していたかのようにも観取される歌であるが、真相は分からない。それだけに哀れを誘い、後々まで長く人びとに語り伝えられている。

有間皇子の事件を長々と述べてきたのは、他でもない。鸕野が後に引き起こした大津《おおつ》事件と重なるように思えるからである。詳しくは後章に譲りたいが、大津皇子の事件が仕組まれたさい、鸕野の脳裏にはこのときの有間皇子の姿が想起されたはずである。

すでに大海人皇子の妃となっていた鸕野も、当然この有間皇子事件の顚末を聞いたであろう。むろん、有間皇子の処刑が斉明天皇・中大兄皇子に対する謀反人・罪人として実行されたと聞いたはずであるが、十四歳になった鸕野はそれをどのように受け止めたのか。察するところ、有間皇子の死を悼み、感傷的な気分に浸ったとは思えない。おそらく、父中大兄皇子の判断こそが為政者たる者の取るべき道であると確信したはずである。

第三章　結婚（657年〜）
——はじめて体験した国難「白村江の戦」

朝倉橘広庭宮跡碑　筑紫に下向した斉明天皇は、ここで急逝した
（写真・あさくら観光協会）

	持統関係	年齢	社会情勢
斉明3（657）	大海人皇子の妃となる	13	
斉明4（658）	建皇子死去	14	阿倍比羅夫、蝦夷を平定 有間皇子の変
斉明5（659）		15	阿倍比羅夫、蝦夷を平定
斉明6（660）		16	阿倍比羅夫、蝦夷を平定 百済救援のため難波に行幸
斉明7（661）	大海人皇子とともに従軍 大伯皇女誕生 斉明天皇没 中大兄皇子称制を開始	17	百済援軍、難波を出発
天智元（662）	草壁皇子を出産	18	豊璋を百済に送る
天智2（663）	大津皇子誕生	19	白村江の敗戦
天智3（664）	「大皇弟」（大海人皇子）、甲子の宣を発令	20	冠位二十六階の制定 対馬・壱岐・筑紫に防人・烽、筑紫に水城を築く
天智4（665）	間人皇后没	21	長門・筑紫に城を築く
天智6（667）	斉明天皇・間人皇后を合葬	23	高安城・屋島城・金田城を築く 大津遷都
天智7（668）	天智天皇即位	24	蒲生野に遊猟
天智8（669）		25	藤原鎌足没
天智9（670）		26	庚午年籍作成

一　草壁皇子の誕生

大海人皇子の妃

鸕野が父中大兄皇子の実弟である大海人皇子の妃になったのは、斉明天皇三年（六五七）のことである。時に十三歳、大海人皇子は、通説では二十七歳ということになる。

これ以前、姉の大田皇女も大海人皇子の妃となっていた。後のことになるが、中大兄皇子はこの姉妹のほかに、他腹の娘である新田部《にいたべ》皇女（母は阿倍倉梯麻呂の女、橘娘《たちばなのいらつめ》）、大江《おおえ》皇女（母は忍海造《おしぬみのみやつこ》小竜《おたつ》の女、色夫古《しこぶこ》娘）も妃に入れている。当時、こうした兄弟間での娘の入内《じゅだい》はほとんど例がなく、それだけに中大兄皇子が大海人皇子との連携をいかに重視していたかが知られよう。十三歳になっていた鸕野も、その辺りの政治的事情は理解できていたものと思われる。

それはさておき、鸕野を含む大海人皇子のキサキのなかで、もっとも存在感のあったのが額《ぬか》田姫王《たのおおきみ》（『万葉集』では額田王）ではなかったか。『日本書紀』（天武天皇二年二月二十七日条）に、「天皇（天武）、初め鏡《かがみ》王の女額田姫王を娶《めと》りて、十市《とおち》皇女を生む（天皇ははじめ鏡王の娘額田姫王を娶り、二人の間に十市皇女が生まれた）」と記している。こうした記述から、大海人皇子の最初の結婚相手が額田王であったと見るのが通説で、時期については大化四年（六四八）前後とされている。鸕野が四歳のときである。

額田王といえば歌人として知られる女性で、『万葉集』に十数首の歌が収められているが、なかでも著名なのが「天皇、蒲生野《かもうの》に遊猟《みかり》したまう時に、額田王が作る歌」と題する次の一首であろう（巻一―二〇）。

あかねさす　紫野《むらさきの》行き　標野《しめの》行き　野守《のもり》は見ずや　君が袖振《そでふ》る

（紫草が生えている標野を行きながら、そんなに袖をお振りになっては、野守が見るではありませんか）

人目も憚《はばか》らずに袖を振る大海人皇子を咎《とが》めた額田王に対して、大海人皇子が応えたのが、

紫草《むらさき》の　にほへる妹《いも》を　憎くあらば　人妻故《ゆえ》に　我れ恋ひめやも

（紫草のように匂うあなたを憎いと思うなら、人妻と知りながら、私はどうして恋しく思いましょうか）

という歌である（巻一―二一）。天智天皇七年（六六八）五月五日、天皇が大海人皇子以下諸王や藤原鎌足ら諸臣を従えて、近江《おうみ》国蒲生野で薬猟《くすりがり》に出かけたときの作という。ただしこの頃、

額田王は大海人皇子のもとを去り、天智天皇のキサキになっていたといい、この歌については、宴席の座興として詠まれたものというのが一般の見方である。もっとも、天智天皇の妻ではなかったとの見方も少なくはなく、その意味で歌の解釈は難しい。

それはさておき、当時、皇位の兄弟継承が一般的であったことを考えると、弟の大海人皇子が兄天智天皇の後継者となる可能性が高かったことは間違いない。しかし、たとえそうであっても、鸕野が正妻（皇后）となる可能性はほとんどなかった。正妻になれるのは、姉の大田皇女だったからである。鸕野はそうした立場も承知し、少女のあどけなさを残しながら大海人皇子の懐に飛び込んでいったものと思われる。鸕野はむろんのこと、大海人皇子の将来もなお混沌《こんとん》としていた。

斉明天皇の急逝

鸕野が結婚して三年目、斉明天皇六年（六六〇）十月のこと、新羅・唐の連合軍の侵略を受けた百済が、わが国に対して援軍を要請してきた。

この頃の東アジアは唐の周辺諸国に対する支配権拡大の煽《あお》りを受け、なかでも朝鮮半島では高句麗・新羅・百済が互いに抗争を繰り返していた。そして、ついに新羅は唐と連携して百済を滅ぼしたという報告がわが国にもたらされた。ついで百済遺臣の鬼室福信《きしつふくしん》から使者が送られてきて、以前（舒明天皇三年）から人質として預けている王子豊璋《ほうしょう》（義慈王《ぎじおう》の子）の返還と、援軍の要請を依頼してきたのである。豊璋を国王として迎え、百済再興をはかろうとの計画であった。そこでわが国は、豊璋の送還と百済救援を決断したのである。

斉明天皇七年正月、女帝は難波宮から船で征西の途についた。時に斉明天皇は六十八歳であった。中大兄・大海人・鎌足ら朝廷の要人たち大半が随行、鸕野も、身重の姉大田皇女とともに船に乗り込んでいた。額田王も一行に加わっており、征西の規模の大きさが知られよう。出発から三日目の正月八日、吉備《きび》の大伯海《おおくのうみ》（現岡山県瀬戸内市）に到着したとき、大田皇女が女子を出産、その地にちなんで大伯皇女《おおく》と名づけられた。同月十四日には伊予《いよ》の熟田津《にきたつ》（現愛媛県松山市）に着き、石湯行宮《いわゆのかりみや》に停泊している。一行はここでしばらく待機したようで、『万葉集』（巻一―八）に収める次の歌は、額田王がその折りに詠んだものと伝えられている。

熟田津に　船乗りせむと　月待てば　潮もかなひぬ　今は漕《こ》ぎ出《い》でな
（熟田津で船出をしようと月が出るのを待っていると、幸いに潮も満ちてきた。さあ、今こそ漕ぎ出そうよ）

ただし、これを斉明女帝の御製と見る意見も多いが、女帝にせよ額田王にせよ、女性の歌であるところに、筑紫《つくし》に向かう倭国《わこく》軍の意気込みが伝わってくるようだ。

一行は三月二十五日に那大津《なのおおつ》（福岡市博多港の古称）に到着し、斉明天皇は磐瀬《いわせ》行宮（改名して長津《ながつ》）に入ったが、五月九日には朝倉橘広庭宮《あさくらのたちばなのひろにわのみや》に遷り、ここを最前線としている。しかし七月二十四日、斉明天皇はここで急逝した。朝倉宮の造営にさいして朝倉社の樹木を伐採した祟《たた》りであるとの噂《うわさ》が囁《ささや》かれた。また中大兄皇子が天皇の遺体を磐瀬に移したとき、朝倉山《あさくらやま》の上に鬼が現れその葬儀をじっと見ており、人びとを驚かせたという話も伝えられている（『日本書紀』）。真偽はともかく、斉明天皇の死というより、征西の途次に天皇が亡くなるということが異例の凶変であったことを示している。

中大兄皇子の称制

斉明天皇崩御後、中大兄皇子は喪服を着て称制（即位せずに政務を行うこと）し、磐瀬（長津）宮に遷って朝鮮出兵の指揮をとった。その一方で、百済の王子豊璋に織冠（倭国の冠位の最上位）を授け、百済に送り返している。

十月になって、ようやく斉明天皇の遺体を載せた船が難波に向かって出帆、それに付き従っていた中大兄皇子は、ある場所に停泊して次の歌を詠んでいる（『日本書紀』斉明天皇七年十月七日条）。

君が目の　恋しきからに　泊《は》てて居《い》て　かくや恋ひむも　君が目を欲《ほ》り
（母君に会いたいばかりに、こうしてじっと停泊して一緒にいるのに、これほど恋しさが募る

ものか、母君、目をあけて下さい）

入鹿の誅殺以来、古人大兄皇子、倉山田石川麻呂、そして孝徳天皇、有間皇子……、彼らに対する謀略と粛清は、中大兄皇子にとってはその野望を実現するための、やむをえない手段であったかもしれない。しかし、母斉明天皇の遺体に寄り添う中大兄皇子に冷酷非情な姿はない。母に対する悲しみの絶叫であろう。さすがに心打たれるものがある。

十月二十三日、遺体を載せた船が難波に到着、十一月七日に飛鳥の川原で殯《もがり》が行われた。そして一連の儀を終えた中大兄皇子は、ただちに九州に戻っている。

皇子誕生

年が明け、中大兄皇子が称制して二年目（六六二年）となった。朝鮮半島の情勢は芳しくはなかったが、この年、鸕野にとって大きな出来事があった。那大津で草壁皇子を出産したのである。対外関係が緊迫し、祖母斉明天皇が亡くなるという慌ただしい情勢のなかでの出産であった。それだけに、皇子を産んだ鸕野の喜びは、一入《ひとしお》であったろう。大海人皇子にはすでに八歳の高市《たけち》皇子がいた。しかし生母（胸形君徳善《むなかたのきみとくぜん》の娘、尼子娘《あまこのいらつめ》）が地方豪族の娘で身分が低く、当時の慣習から、大海人皇子の後継者にはなれなかった。姉の大田皇女にはまだ皇子誕生がなかったから、草壁皇子の出産は草壁自身はむろんのこと、母鸕野の立場を揺るぎないものにしたことは確かである。

大田皇女が大津皇子を産んだのは翌年（六六三年）のことである。大津という名前から判断して、生まれたのはやはり前線基地の置かれていた那大津だとするのが通説である。ただし、確証があるわけではない。じつは草壁皇子が大津で生まれたことは『日本書紀』に見えるが（持統天皇称制前紀）、大津皇子については記載がない。誕生年も、朱鳥《あかみとり》元年（六八六）、大津皇子が処刑されたさい、「時に年二十四なり」とあることから逆算してのものである。

当時の慣例では、命名は誕生地によることが多い。現に、大津皇子の姉の大伯皇女の名も吉備の大伯海で出生したことによる。そうだとすれば、那大津で生まれた草壁皇子の名前が腑《ふ》に落ちないが、大津皇子の誕生地について、本書では通説（那大津）に従っておきたい。ちなみに、大田皇女が正妻の立場にあったことを重視するなら、大田の息子に大津の名がつけられたと考えられるのではなかろうか。

百済の滅亡

さて、要請に従って百済皇子豊璋を福信のもとに送り返したわが国は翌年（六六三年）三月、援軍二万七千人を投入して百済救援に乗り出した。しかし、そんな重要な時期に百済では内紛が起こっていた。福信が謀反の疑いをかけられ、豊璋によって殺されてしまったのである。百済再興の事実上の推進者福信が殺されたことは、この時点で再興の夢が消え去り、百済が滅亡

白村江（現錦江）

したことを意味する。してみれば、いわば死に体同然の百済とわが国とが、唐・新羅の連合軍と決戦した、いわゆる白村江《はくすきのえ》での勝敗は戦う以前から明白であったろう。

福信が殺されて二ヵ月後の八月、百済・日本（倭国）軍は惨敗した。百済の拠点である周留城《しゅうりゅうじょう》は陥落、豊璋は高句麗に逃れて降伏し、日本軍も多数の百済遺民を伴って翌月帰国した。『日本書紀』（天智天皇二年九月七日条）によれば、主戦場となった州柔城《つぬさし》が陥落したとき、百済の人が事態はどうしようもない、「百済の名、今日《このひ》に絶えぬ」と言ったとある。

百済は滅亡した。福信とともに百済再興にかけた中大兄皇子の夢は潰《つい》え去った。中大兄皇子が受けた衝撃の大きさはいかばかりであったろうか。のち、重態に陥った鎌足を見舞った天智天皇（中大兄皇子）が、望むことはないかと言ったのに対して、「生きては軍国に務《つとめ》無し。死《みまか》りては何ぞ敢《あ》えて重ねて難《なやま》さむ（生前、国の軍事に責務を果たすことができませんでしたのに、死去にさいしてまで煩わせることはできません）」と答えている。鎌足は死の間際まで、軍国すなわち百済出兵の大敗に対する責任を痛感していたことが知られよう。

ともあれ鸕野が草壁皇子を、姉の大田皇女が大伯皇女・大津皇子を出産したのは、こうした内外騒然とした状況でのことだった。そのことを再度確認しておきたい。

二　大津遷都

水城　大宰府防衛のために築かれた土塁。全長約1キロメートルに及んだという（写真・読売新聞社）

大宰府の防衛

白村江の敗戦によって、中大兄皇子は最大の危機に立たされた。唐・新羅軍の倭国への侵攻の脅威にさらされただけでなく、国内においても社会不安が高まり、政権への不満・不平が生じつつあったからである。

中大兄皇子は外敵の侵攻に備えて天智天皇三年（六六四）、対馬《つしま》・壱岐《いき》・筑紫に防人《さきもり》と烽《とぶひ》を置いている。防人は北九州の防備にあたる兵士であり、烽はのろしをあげて緊急事態を伝達する手段であった。また大宰府《だざいふ》には水城《みずき》を築いてその防備に備えている。さらに翌四年（六六五）には大宰府の北に大野《おおの》城、南に基肄《きい》城を築いて防衛強化をはかっている。

天智天皇の築いた城

こうしたなか九月、唐の使者劉徳高《りゅうとくこう》ら二五四人が対馬に来着している。飛鳥に迎えた倭国はこれを饗応《きょうおう》、使者は十二月に帰国している。ちなみに鎌足の長男定恵《じょうえ》（貞《じょう》恵《え》とも。俗名は真人《まひと》）はこれ以前（六五三年）、遣唐使とともに中国に渡っていたが、帰国する遣唐使船が難破し、この劉徳高に救助されて日本へ送り届けてもらったという（『日本書紀』白雉五年二月条）。

この劉徳高に関して、興味深い記述が『懐風藻《かいふうそう》』（「大友皇子伝」）に見える。飛鳥滞在中に中大兄皇子の長男大友皇子に会ったというもので、そのさい、「此《こ》の皇子は風骨世間の人に似ず。実に此《こ》の国の分に非《あら》ず（この皇子は容姿・風采が世間の人とは違う。この国にあるべき分際ではない）」と評したとある。時に大友皇子は十八歳。父中大兄皇子が入鹿を暗殺した年齢（二十歳）に成長していた。中大兄皇子を前にしての大友皇子評であるから、多分に世辞も込められていたはずだが、見るからに体軀《たいく》堂々とした好青年であったのだろう。中大兄皇子にとっては自慢の息子であったように思われる。

いうまでもなく、鸕野にとって大友皇子は異母弟にあたる。年齢は三歳下。百済救援のため、父や夫大海人皇子らとともに九州へ向かう船中には、この大友皇子も当然乗り込んでいたはずで、鸕野が親しく接する機会も少なくはなかったろう。すでに十五、六歳の逞《たくま》しい青年に成長していた大友皇子を、鸕野はどのような思いで眺めていたろうか。この大友皇子をめぐって後に対決が生じるなど、このとき誰も予想はしていなかったに違いない。

甲子の宣

いっぽう、中大兄皇子は内政面では大化以来十九階であった冠位制を二十六階に改定（増加）、諸氏については大氏《おおうじ》・小氏《こうじ》、伴造《とものみやつこ》の三ランクに区分して、それぞれ氏上《うじのかみ》を定め、大氏の氏上には大刀を、小氏の氏上には小刀を、伴造らの氏上には楯《たて》・弓矢を与えたうえで、それらの民部《かきべ》（私有の部民）・家部《やかべ》（家人奴婢《ぬひ》）を定めている。冠位を増加することによって、下級官僚や地方豪族を国家体制に吸収して官人化すること、そして氏の範囲・性格を明確にし氏上を定めることによって、諸氏族の掌握強化をはかろうとしたのである。もっとも、民部・家部と称する所属民を氏に定めるなどというのは、大化改新以来進めてきた国家体制作りの一つ、公民制（すべての人びとを国家の民とする）の原則に逆行するもので、理解に苦しむといった見方もあるが、これは豪族に対する優遇策であったと考える。しかも先に述べた外交政策と連動してなされた施策であったことを思うと、この時期、内政においてもそれほど慎重さが必要とされたということで、白村江の敗戦がいかに危機感をもって受け止められていたかが知られよう。

それはさておき、六六四年（甲子《かっし》の年）二月に発布されたこの内政改革の方策は、一般に甲子《かっ し》の宣《せん》と呼ばれているが、留意すべきは『日本書紀』の記述で、中大兄皇子がこれを「大皇弟」大海人皇子に命じて発令させたと見えることである。「大皇弟」の呼称が中大兄皇子の弟にちなむものであることは、いうまでもない（『日本書紀』天武天皇元年五月条では「皇大弟」）。大海人皇子の生年は不詳であるが、通説では舒明天皇三年（六三一）生まれ、中大兄皇子とは五歳違いの同母弟とされている。中大兄皇子はこのとき三十九歳、したがって大海人皇子は三十四歳、天皇の即位年齢が三十歳以上というのが慣例であった当時、大海人皇子はすでに政治家として威厳と重みのある存在と見られていたことは間違いない。

大海人皇子の政界デビュー

ちなみに大海人皇子の政治的動向が確認されるのは、この甲子の宣がはじめてである。これ以前、乙巳の変をはじめ古人大兄皇子や石川麻呂事件においても、有間皇子の事件においても、大海人皇子がどのような行動をとったのか明らかではない。中大兄皇子と鎌足らが主導する朝廷政治に参画する立場がまだ与えられていなかったからだと思われるが、当時の権力構造ではことさら不思議なことではない。その意味で、大海人皇子が甲子の宣の発布を命じられたこのときが、いわば政界デビューであったと、わたくしは見ている。

白村江の敗戦後、最大の危機に直面した中大兄皇子は即位をせずに、引き続き皇太子として称制の立場で内外の政務にあたっていた。斉明天皇が亡くなって三年、空位のなかで社会的不安が問題化しないとも限らない、そんな情勢にあった。そこで中大兄皇子（おそらく鎌足の策であったろう）は大海人皇子に宣布させることで、大海人皇子の政治的立場を天下に明示し、それによって中大兄体制の強化をはかったものと考える。すなわち中大兄皇子の後継者としての位置づけである（中大兄皇子が即位しなかった理由については八〇頁参照）。

大海人皇子の宣布については、中大兄皇子自身でなくそれを大海人皇子に委《ゆだ》ねたのは、大海人皇子を矢面に立たせることで、政界の風当たりを避けようとしたとの理解がある。中大兄皇子は自身に対する反感の強いことを知っていたがための措置だというのであるが、そうではあるまい。待ったなしの緊迫した内外情勢のなかで、中大兄皇子と大海人皇子との連携を打ち出し、それによって難局を乗り切っていくとの宣言であったと考える。すなわち、この時点で中大兄皇子は即位を決意し、自身の後継者として大海人皇子を選んだということを示している。大海人皇子の妃であった大田皇女は、あらためて自らの立場を自覚したことであろう。それは鸕野にと

対馬・金田城（写真・読売新聞社）

っても同様であり、姉妹は大海人皇子に緊張感をもって寄り添っていたに違いない。
対馬、長門《ながと》国、讃岐《さぬき》国屋島《やしま》、高安山《たかやすやま》（河内・大和の国境）に山城《やまじろ》（山に設けられた防衛施設）が築かれたのもこの頃である。

間人皇后は即位した？

翌六六五年二月、間人皇后が亡くなった。中大兄皇子の同母妹であり、孝徳天皇の皇后となっている。ついで初七日にあたる三月二日、間人皇后のために三百三十人を得度させている。かなりの多人数である。むろん、単純に比較できることではないが、のち天武天皇の病気平癒祈願にさいして得度させたのが僧尼百人（朱鳥元年八月二日。前日には八十人の僧を得度させている）だったことを考えると、尋常な数ではない。間人皇后が重要な立場にあったことを思わせよう。このことに関連して注目されているのが『万葉集』（巻一―三・一〇）に見える「中皇命《なかつみこのみこと》」、『大安寺伽藍縁起 幷 流記資材帳《だいあんじがらんえんぎならびにるきしざいちょう》』に登場する「仲天皇《なかつすめらみこと》」、それに野中寺《やちゅうじ》（大阪府羽曳野《はびきの》市）弥勒像《みろくぞう》の台座に鐫刻《せんこく》された「中宮天皇」などである。

すなわち、ここに見える「中皇命」「仲天皇」「中宮天皇」を間人皇后とし、間人は正式に即位はしなかったものの、天皇位を代行するような役割を果たしていたとする見解も出されている。それぞれの史料や鐫刻には疑問点や不自然な点があって、その解決は容易でないが、最大の問題は『日本書紀』に間人皇后の即位の記載がないということであろう。「天皇位を代行する云々《うんぬん》」といった見解が出される理由であるが、目下のわたくしにも説得力のある意見を持ち合わせているわけではない。基本的にはこの考え方を支持したい。

ただし、憶測を逞しくしてわたくしの考えを述べると、間人皇后の即位問題は斉明天皇の重祚と不可分のものであったと見ている。

中大兄皇子が孝徳天皇を難波宮に残して飛鳥還都を断行したさい、孝徳天皇の皇后間人までをも引き連れて戻ったことについては、すでに述べた。このとき孝徳天皇が皇后に贈ったという歌（大意は、私が飼っている駒《こま》＝間人皇后をどうして中大兄皇子が見たのだろう、というもの）が『日本書紀』に記され、そこから中大兄皇子と間人皇后との男女関係を想定し、当時タブーとされていた同母妹との結婚という禁忌を犯した中大兄皇子は、そのために長らく即位せずに称制したのである、と解釈されることが多い。しかし、間人皇后を飛鳥に同道した中大兄皇子の真意は、間人皇后の擁立にあったとわたくしは考える。事実は、孝徳天皇没後、皇極女帝が重祚するのであるが、考えてみれば重祚というのは当時の皇位継承において前代未聞の措置である。中国（唐）や朝鮮ですら前例のないことであった。

孝徳天皇の歌（『日本書紀』）

金木着《かなきつ》け　吾が飼ふ駒は　引き出せず
吾が飼ふ駒を　人見つらむか

そんな異例を承知で皇極、それも六十二歳という高齢の元天皇を擁立（重祚）せざるをえなかったのは、皇極に代わる女帝がいなかったからである。すなわち、中大兄皇子が期待した間人皇后が、即位を拒否したとしか思えない。

すでに三十歳となり、即位も決して不可能ではなかったにもかかわらず、中大兄皇子が躊《ちゅう》躇《ちょ》した最大の理由は、孝徳天皇の死に様にあった(四三頁)。そこでとられた方策が間人皇后の擁立であり、それは人びとの非難を回避しつつ、女帝間人の下で中大兄皇子が引き続き皇太子の地位を保持するためであったと考える。

皇極天皇の重祚の理由

誤算は、その間人皇后が即位を拒んだことであった。飛鳥(還都)への同道にさいして間人皇后には、おそらく因果を含めて事情を説明したものと思われるが、夫である孝徳天皇を残して去った間人皇后にしてみれば、中大兄皇子の申し出(=即位)を素直に了解する気持ちになれなかったのも当然であろう。そうこうしているうちに孝徳天皇が亡くなり、そこで母の皇極天皇が再登場ということになったものと思う。

娘である間人皇后の胸中も、息子中大兄皇子の真意も汲《く》んでいた母皇極は、すべてを飲み込み、老体にムチ打って重祚したのであった。しかし、その斉明天皇も急逝し、結局は間人皇后がその立場を継いだということではないか。それが『万葉集』などに見える「中皇命」の称であったと推測する。

こうしたさまざまな政治的思惑が錯綜《さくそう》する状況を、大海人皇子と鸕野は複雑な思いで眺めていたに違いない。じつは、中大兄皇子を呪縛《じゅばく》した、この「皇位の簒奪者」という意識が大海人・鸕野の二人の生涯を大きく制約することになるが、それはやがて明らかになろう。

いずれにせよ、大海人皇子と鸕野にとって、間人皇后の立場と皇極天皇の重祚という異例の事態が、強烈な出来事として心底に刻み込まれたことは確かである。

牽牛子塚古墳　二つに分かれた石室に棺を置く台がある。当初から合葬することを計画して築造されたのであろうか（写真・読売新聞社）

斉明天皇・間人皇后の合葬

話を戻そう。

中大兄皇子の同母妹、間人皇后は没後二年、六六七年二月に母斉明天皇（六六一年没）とともに小市岡上《おちのおかのうえ》陵（越智《おち》山陵）に合葬されている。宮内庁の治定では車木《くるまき》ケンノウ古墳（高市郡高取町《たかとりちょう》大字車木）がそれとされているが、現在では牽牛子塚《けんごしづか》古墳（明日香《あすか》村大字越《こし》）とする見方がほぼ確定している。二〇〇九年から一〇年にかけての発掘調査によって八角墳（八角形墳）という特異な構造であること、石槨《せっかく》内の墓室が間仕切りして二つあることなどが判明し、斉明天皇と間人皇后を合葬したと記す『日本書紀』（天智天皇六年二月二十七日条）に合致するからである。

また『日本書紀』によれば、中大兄皇子は斉明天皇と間人皇后を合葬したその日、「陵の前の墓」に大田皇女を葬ったというから、大伯《おおく》（大来）皇女と大津皇子を生んだ大田皇女も、これ以前に亡くなっていたのであった。鸕野の姉である。大伯皇女は七歳、大津皇子は五歳になったばかりであった。ちなみに二〇一〇年、牽牛子塚古墳の墳丘の南すそから八角形墳（越塚《こしづか》御門《ごもん》古墳）が発見されて話題となったが、それが大田皇女の墓であることは間違いない。

中大兄皇子は数年の間に、母・妹・娘と三人の身内を亡くしていたのである。当日の葬儀には、高句麗・百済・新羅の人びとも参加している。前年十月に高句麗から使者が来日しており、百済からは亡命貴族たちが渡来していた。新羅についても来朝者が滞在していたのであろう。中大兄皇子は群臣に対して、万民を思いやる「皇太后天皇（斉明天皇）の勅」により、墳墓の造営に大々的な労役を徴発しない、といい、これを永代までの戒めにしてほしいと述べている。「興事を好む」といわれ、「狂心の渠」と呼ばれて非難された土木工事に、斉明天皇自身がいかに心を痛めていたかを知る。たんなる女帝や中大兄皇子の趣味から起こされた工事ではなかったのである。

斉明天皇の遺言

ちなみに小市岡上陵については文武天皇三年（六九九）十月、天智天皇陵（山科《やましな》山陵）とともに役人と大工を派遣して修造が施され、それでも不備があったのか、天平《てんぴょう》十四年（七四二）には小市岡上陵に長さ三三メートル、幅一五・六メートルの崩壊があったと報告されている。こうした短期間での損傷はそれまでの陵墓には見られなかったことで、造営に大幅な人員削減を行った結果であろうか。そうだとすれば、中大兄皇子は母斉明天皇の遺言を実直に遵守したということになろう。

斉明天皇の遺言ということに関連してひと言付け加えておくと、孫の建皇子が亡くなったとき、斉明天皇は自分の死後、必ず一緒に合葬せよと命じている。したがって先の小市岡上陵にはこの建皇子も当然合葬されたと見なければいけないが、『日本書紀』には記載がない。小市岡上陵の墓室が二つというのも、気になるところであり、発掘調査の今後の成果に期待をしたいと思う。

なお、建皇子の遺体については『日本書紀』に、「今城谷の上《いまきのたに》」に殯を造って納めたとあるが、その殯塚が吉野郡大淀町《おおよどちょう》にある保久良《ほくら》古墳ともいわれている。残念ながら古墳は盗掘を受けており、当時の具体的な様相は明らかでないが、遺体は合葬されずここに眠ったままであったということも考えられよう。

二つの陵のノド

葬儀を終えて二十日余り後、三月十九日、中大兄皇子は近江大津宮に遷都した。『日本書紀』

には、「この時、天下の百姓、遷都することを願わずして、諷《そ》え諫《あざむ》く者多く、童謡《わざうた》また衆《おお》し。日々夜々《ひるよる》、失火の処多し（このとき、天下の人民は遷都を願わず、遠回しに諫《いさ》める者が多かった。また童謡〔社会の異変や出来事を予言したり諷刺《ふうし》する歌〕も多く、日ごと夜ごとに火災が頻発した）」とあり、遷都に対してかなりの反対があったことを示している。

ところで、この近江遷都についてよくいわれるのが遷都があまりにも唐突であり、中大兄皇子の突飛な思いつきによるもので、理由が分からないということである。しかし、はたして突発的な遷都であったのか、わたくしにはそうは思えない。

白村江の戦いで大敗したのが六六三年八月、飛鳥に戻った中大兄皇子は内政改革とともに、ただちに軍事面の強化に努めている。すなわち翌六六四年、対馬・壱岐・筑紫などに防人と烽《とぶひ》を置き、筑紫に水城を築いている（六五頁）。さらに六六五年には長門と筑紫にも城を築かせ、遷都の年（六六七年）には高安城・屋島城（讃岐国）・金田《かなた》城（対馬）を築いている。こうしたことから判断すると、遷都は緊迫する対外政策の一環として行われたものと考えてよい。それが近江であったのは、中大兄皇子が近江の土地柄をことさら重視していたからである。

あらためて述べるまでもなく、近江（大津）は交通の要衝である。八世紀半ば、平城京《へいじょうきょう》時代ではあるが近江国について、「宇宙《あめのした》に名《な》有る地《ところ》なり」といい、「東は不破《ふわ》に交わり、北は鶴鹿《つるが》（敦賀《つるが》）に接《つ》き、南は山背《やましろ》（山城）に通いて、此《こ》の京邑《みやこ》（平城京）に至る」とも、「公私往来の道にして、東西二つの陸の喉《のど》なり」とも記されている（『藤氏家伝』所収「武智麻呂伝《むちまろでん》」）。確かに琵琶湖《びわこ》を擁して東西の道が走り、近江国を通ることなしには東国・西国の間を往来することはできない、まさしく東西二陸のノドであった。内外の軍事防衛上、飛鳥（大和盆地）を凌《しの》ぐ立地条件を備えていたことは間違いない。

それに、中大兄皇子が近江国に対して強い関心を抱いていたことも無関係ではあるまい。遷都の二年前（六六五年）二月、百済から亡命した男女四百余人を近江の神前《かんざき》郡に住まわせ、翌月には田を与えている。おそらくこの頃から近江への遷都が中大兄皇子の視野に入っていたものと、わたくしは思っている。むろん、新都での即位を予定しての遷都であったことはいうまでもない。

遷都は必要なかった？

中大兄皇子は、斉明天皇・間人皇后・大田皇女らを葬ることによって心の整理がつき、飛鳥への想いを断ち切ることができたのではなかろうか。翌月の近江遷都は、敗戦によって飛鳥に戻ってきたときからの、予定の行動であったように思う。

ちなみに白村江の敗戦について、冨谷《とみや》至《いたる》氏は、わが国にとっては最大の国難であったかもしれないが、唐にとってはあくまでも百済平定の戦後処理にすぎず、戦いの目的は百済の残党であり、朝鮮半島の制圧だったという。したがって目的が達成された以上、唐にはわが国への進軍、征服など眼中にはなく、だからこそ和平の使者を派遣してきたのである、それを国防を

三輪山　古来、神宿る山といわれた。山の辺の道の途中に額田王の万葉歌碑（左手前）がある。大和を離れる淋しさを詠った歌として有名

強化し、遷都まで断行したのは日本側の自意識過剰である、とも述べている。

中国学の観点からする理解であり、興味深い提言である。氏の理解に従えば、敗戦後の天智天皇の行動は一人相撲だったということになろう。場合によっては、近江遷都は必要がなかったばかりか、無意味なものであり、したがって中大兄皇子自身、非難を受けることはなかったかもしれないとの結論にもなろう。白村江の戦いについてはこうした提言を踏まえ、今後さまざまな視点から理解する必要があるように思う。

それはさておき、大事なのは白村江の敗戦が、その後におけるわが国の政治や社会のあり方を方向づけていったことである。遷都をはじめ国家制度の整備や組織の改編など、律令国家の基盤が確立されるきっかけとなったことは間違いない。

時に二十三歳の鸕野も草壁皇子を連れて、夫大海人皇子とともに大津宮に遷っている。『万葉集』には、大和を去るにあたって三輪山《みわやま》への哀惜の情を詠《うた》った額田王の歌が収められている

（巻一―一七・一八）。三輪山は大和を代表する信仰の山で、山全体が神体として崇《あが》められてきた。その山を見続けていたいと詠う額田王の心情は、誰しも抱いた感懐であろう。それは鸕野をはじめ大伯皇女、大津皇子の姉弟も同様であったはずだ。祖父や祖母、母との思い出の詰まった大和への想いを、鸕野たちは後ろ髪を引かれる思いで断ち切り、大津へ向かったことであろう。大伯皇女・大津皇子の姉弟はそれぞれ七歳、五歳に成長していた。

大津宮中心部の復元模型（写真・大津市歴史博物館）

大津宮の構造

大津宮の地についてはさまざまな意見が出されてきたが、発掘調査によって錦織《にしこおり》遺跡がそれとほぼ断定されている。周辺には崇福寺《すうふくじ》をはじめ、穴太《あのう》廃寺・南滋賀廃寺などの寺院が設けられ、防御施設の機能も負わされていたという。

ちなみに遺跡からは南門、回廊、内裏跡などにあたる建物跡が検出され、構造はそれまで飛鳥の宮都とされていた後飛鳥岡本宮と似通っていたと推定されている。規模についても条坊を持った左・右京域、すなわち都市的構造が存在したかどうかは定かでないという。思うに、それは大津宮が仮の宮都であったことを物語っているのではなかろうか。

じじつ『日本書紀』によれば、遷都から三年後の天智天皇九年二月、蒲生《がもう》郡の匱迮野《ひさの》（滋賀県蒲生郡の蒲生町《がもうちょう》〔現東近江市〕・日野町《ひのちょう》辺りか）に行幸し「宮殿建造の地」を視察しているから、天智天皇はこの大津宮に満足していなかったのである。対外防備の必要に迫られて近江に遷都した天智天皇であったが、宮地としての大津の適性が十分に調査されての遷都ではなかったということである。この前年、百済の男女七百人余りを蒲生郡に移住させているから、天智天皇の関心はしだいに琵琶湖の東側に向けられていったようだ。

しかし、蒲生への遷都が実現することはなかった。天智天皇は翌年十二月、大津宮で亡くなるからであるが、その前にまだまだ述べておかなければいけないことがある。

三　天智天皇の即位

遊覧を好む

遷都から八ヵ月が経《た》った天智天皇七年（六六八）正月、中大兄皇子は即位した。天智天皇である。斉明天皇が没して七年が経っていた。その間、政務を執りながら中大兄皇子が即位しなかったのを（称制）不思議に思うかもしれないが、いちばんの理由は女帝（斉明）の「実子」だったことである。女帝に求められた不文律（一八頁）は当時の豪族たちの間に、なお根強く残っており、それを中大兄皇子でも無視することはできなかったのである。

即位の翌月（二月）、倭姫《やまとひめ》が皇后に立てられた。乙巳の変後、謀反の疑いで異母弟中大兄皇子によって殺された古人大兄皇子の娘である。

大津宮に遷った中大兄皇子は即位の五ヵ月前に一度、倭京（大和）に行幸している（六六七年八月）。人びとの動揺や不安・反対を無視して強行した遷都であったから、大和（飛鳥）を完全に放棄するわけにいかなかったのであろう。大和の人びとに対して無関心ではおれなかったということでもある。

遷都後の天智朝については「鎌足伝」（『大織冠伝』とも）に、「朝廷事無く、遊覧これ好む」と見える。はたして、近江に遷った朝廷が穏やかで太平であったかどうかはともかく、「遊覧これ好む（天皇は遊覧を好まれた）」というのは、いくつか事例がある。たとえば即位した年（天智天皇七年）の五月、天智天皇が蒲生野で行った薬猟《くすりがり》などがそれで、山野に出かけて鹿の角や薬草を摘む習俗である。翌年には山科野《やましなの》で行っている。時に「大皇弟（大海人皇子）・諸王・内臣（中臣鎌足）と群臣」ら全員がこれに従ったとあるから（『日本書紀』）、宮中の大イベントとして行われたことが知られる。

同年七月には、「浜台《はまのうてな》の下に、諸魚《もろもろのうお》、水を覆《おお》いて至る（湖畔の高殿のもとに、諸々《もろもろ》の魚が水面を覆うばかりに寄ってきた）」とあり（『日本書紀』）、このときは琵琶湖畔に築かれた高殿で遊宴が開かれたようである。また、舎人たちに命じて「宴を所々にせしむ」とも記している。

ちなみに先の「鎌足伝」に、「帝、群臣を召して浜楼《ひんろう》に置酒《ちしゅ》（酒宴）したまう」と見えるのも、こうした遊宴をさしていると思われるが、『日本書紀』によれば、時の人はこれを、「天皇、天命将及《みいのちおわりな》んとするか（天皇の世が終わろうとしているのだろうか）」と言ったという。「遊覧を好む」天智朝が平穏であったとする先の「鎌足伝」とは対照的な評価であり、天智天皇を見限ったような失意すら感じ取れる書紀の表記である。むろん、「鎌足伝」という書物の性格上、天智天皇や鎌足については好意的に書かれているから、すべてを鵜《う》呑《の》みにすることはできないが、反対を押し切っての強行遷都であっただけに、遷都後の天智天皇の行動については人びとの反発が根強く残っていたのであろう。その意味では、書紀の記載が当時の真の状況を伝えているとと考えてよい。

長槍事件

さて、先に述べた「浜楼での置酒」が最高潮に達したときのこと、天智天皇が大海人皇子を殺害しかねないという大事件が起こった。「鎌足伝」によれば、「大皇弟（大海人皇子）長き槍《ほこ》を以《もち》て、敷板を刺し貫きたまう。帝（天智天皇）驚き大きに怒りて、執害《そこな》わんとし」た（大海人皇子が長槍を敷板に突き刺した。驚いた天智天皇は大海人皇子を殺そうとした）が、鎌足の諫言で思いとどまったという。宴会のさなかに大海人皇子が、突然長槍で敷板を刺し貫くとは、ただごとではない。二人の間に、いったい何があったのか。

これについては、額田王をめぐるトラブルだとする理解がある。というのも額田王は最初、大海人皇子の寵愛《ちょうあい》を受け、その間に十市皇女を儲《もう》けたが、のち天智天皇の後宮に入って妃の一人となっているからである。そればかりか『万葉集』には、先述の近江蒲生野で催された薬猟において、大海人皇子と額田王との間で交わされた「あかねさす……」で知られる相聞歌も収められている（五八頁）。そうしたことから、額田王をめぐる男女の三角関係が原因で生じた争いだったというのである。ただし前述したように今日では、これは巧みに恋の歌に仕立てあげられた宴席での遊び歌とする見方が一般的である。

トラブルについては、皇位継承問題による衝突という見方もある。すなわち皇位継承のうえでは最有力者の立場にあった大海人皇子と、愛息大友皇子の即位を実現して父子継承を創出しようとする天智天皇との間に、齟齬が生じたとの理解である。

長槍事件は『日本書紀』には記されておらず、ほかに関連史料もないことから、その真偽を判断するのは難しい。ちなみに先の「鎌足伝」には、それまで鎌足を快く思わなかった大海人皇子は、これを機に親しみ重視するようになったといい、のち、壬申の乱が起こったとき、鎌足が生きていたらこのような困難に遭遇することもなかったと嘆息したと記している。そんなことから長槍事件については、天智天皇の後継者問題が根底にあったとする意見が多いことは確かである。しかし、はたしてそうか。

原因は何か

繰り返すことになるが、鎌足の伝記を記す「鎌足伝」はその性格上、鎌足の事績が誇張されて書かれた箇所もあって、長槍事件が、鎌足の存在と立場を印象づけるための創作であった可能性も否定はできない。したがって天智天皇と大海人皇子との間に深刻な対立が実際にあったのかどうか、判断は難しい。だが、対立が事実であり、このとき、大海人皇子が敷板に槍を突き立てるほど激怒したとしても、原因が皇位継承問題であったとはわたくしには思えない。

皇位継承において、当時の大海人皇子がその立場からいっても、また政治的資質からいっても、最有力候補者であったことは間違いない。しかし、皇位継承に関して大海人皇子が、天皇である天智に異議を唱えることなど不可能であった。次期天皇を決定するのは、現天皇の意思によるものだったからである。

吉村武彦《よしむらたけひこ》氏によれば、大化改新後、新帝を選出する王権と群臣（貴族）の政治的力関係は大きく変化したという。それまでの新帝は群臣の推挙によって即位が実現したが、改新後それを決定したのは天皇であった。蘇我入鹿を殺害したあと、皇極天皇が弟孝徳天皇に譲位したのも、その孝徳天皇が難波で亡くなったあと、皇極が重祚（斉明女帝）したのも、すべては天皇の意思（ただしこれは表向きのこと。実際は中大兄皇子による考え）だといい、皇位継承のあり方は大きく転換したとしている。

こうした氏の理解に従えば、大海人皇子が天智天皇の継承者への思惑に対して、不満を述べることなど以《もっ》ての外《ほか》であり、まして長槍を突き刺すという暴挙をするはずはない。
長槍事件が事実であったとすれば、原因は別のところにあったとわたくしは見る。

齟齬

それは、たとえば外交上の防衛政策である。天智天皇八年（六六九）八月、大和の高安城を修造しようとしたが、「民の疲れんことを恤《めぐ》みたまい（人民の労役負担を心配して）」、このときは修築を中止している。時の人はその判断に感嘆したというが、にもかかわらず、『日本書紀』にはその年の冬、高安城を修理して畿内の田税を収めたと記している。さらに翌年二月にも高安城を修理し、穀《もみ》と塩とを積み入れたといい、また長門城一つと筑紫城二つを築いたと記している。防備体制のうえで不可欠の措置であるにせよ、庶民の負担を強いるものであったことは確かである。しかしそれを承知で、天命が尽きようとしているのではないかと非難されるほど遊覧を好む天智天皇の政治姿勢に、さすがの大海人皇子も諫言せざるをえなかったのではないか。

天智天皇は、母斉明天皇の遺言によって、労役の徴発を抑えて万民の負担を軽減することを戒めとしてきた。そのことは大海人皇子も十分に承知している。両人の間で対立が生じるとすれば、人民に負担を強いる天智天皇の政治姿勢以外には考えられない。それは「大皇弟」の立場からする発言であったように思う。

あくまでも推測の域を出るものではないが、確認しておきたいのは、皇位継承問題で大海人皇子が、それも群臣たちの目の前で天智天皇に楯突《たてつ》くことなど、ありえないということである。いずれにせよ、のち病床に伏した天智天皇が後継者に息子大友皇子を指名したことを考えると、この前後から大海人皇子との間に齟齬が生じつつあったと見て間違いない。わたくしの見るところ、それを決定的にしたのは鎌足の死去がきっかけであった。

鎌足死す

天智天皇八年（六六九）十月十日、天皇は自ら、鎌足の家を訪ねて病気を見舞っている。山科で薬猟に従事（五月）して以来、体調を崩していたようである。憔悴《しょうすい》しきっていた鎌足を見て、何か望みはないかと尋ねた天智天皇に対して、鎌足の返答は、「生きては軍国《おおやけ》に務《つとめ》無し。死《みまか》りては何ぞ敢《あ》えて重ねて難《なやま》さん」（六四頁）というものであった。鎌足のいう「軍国（国の軍事）」とは白村江での敗戦であった。敗戦に対する責任が、死の間際まで鎌足の汚点として重くのしかかっていたのである。

同十五日、天智天皇は大海人皇子を遣わして大織冠と大臣《おおおみ》の位を授け、また藤原の姓を与えている。大海人皇子は天智天皇の代理人であった。その立場の重さが知られよう。鎌足が亡くなったのは翌十六日のことである。天智天皇は十九日、再び鎌足宅を訪れ、恩詔を読み上げさせ、金の香炉を下賜している。鎌足の功績に報いたのである。時に二十五歳であった鸕野の脳裏に、父天智天皇と鎌足との絆《きずな》の強さが強烈に刻まれたに違いない。ただし、この鎌足の遺児不比等《ふひと》が、後に鸕野の最大の協力者となることまでは予想だにしていなかったろう。

第四章　夫婦の絆（671年〜）

——虎に翼をつけた「壬申の乱」

吉野川の流れ　吉野の宮は右の台地の上辺りにあったという

	持統関係	年齢	社会情勢
天智10（671）	大海人皇子、出家して吉野へ。鸕野も従う	27	大友皇子、太政大臣に任 大友皇子、重臣たちと盟約
天武元（672）	天智天皇没 大海人皇子とともに吉野を脱出 大海人皇子、桑名から不破に行く 鸕野は桑名に留まる 大海人皇子、飛鳥に凱旋 後飛鳥岡本宮に入り、宮室を造営	28	壬申の乱 大津宮陥落 大友皇子自害

一　決別

庚午年籍

鎌足を失った（六六九年十月）天智天皇の衝撃は、いかばかりであったろうか。大化改新後、鎌足は内臣としてその才腕を発揮し、中大兄皇子（天智天皇）を補佐してきた。天智朝の政治は、いわば鎌足との二人三脚の所産であったといってよい。その鎌足の死は想像を絶する痛手であったに違いない。しかし、二人がめざした政治方針、なかでも中央集権体制は天智天皇によって引き続き推進されていく。

鎌足が亡くなった翌年（六七〇年）二月、全諸国にわたって戸籍が作成されたのがそれである。作られたのが庚午《こうご》の年にあたることから庚午年籍《こうごねんじゃく》と呼ばれるが、これによってそれまで諸豪族の支配下にあった人民を、それも全国的規模で把握することができたのである。ここに至って、はじめて国家組織が整ったといえよう。改新以来、腐心してきた中央集権、国家権力の支配がようやく整ったのであった。ちなみに、この庚午年籍は後に永久保存とすることが定められ、戸籍の原簿として重視された。

それはさておき、鎌足没後、天智天皇が強烈に意識したのは自身の血脈であり、その継承であったように思う。端的にいえば、長男大友皇子への皇位継承である。

庚午年籍を発令した翌年（六七一年）の年明け早々、天智天皇は国政運営の中枢部をになう新人事を発表している。

大友皇子、太政大臣となる

『日本書紀』によれば、大友皇子を太政大臣《だじょうだいじん》に任命するとともに左大臣蘇我臣赤兄、右大臣中臣連金《なかとみのむらじかね》、御史大夫《ぎょしたいふ》（大納言）には蘇我臣果安《はたやす》・巨勢《こせ》臣人《ひと》・紀《き》臣大人《うし》の三人を任じたのである。大友皇子が就任した太政大臣は、このとき初めて置かれた官職であり、左・右大臣は斉明天皇四年（六五八）以来、そろって在任したことはない。御史大夫もこのとき初めて設けられた官職であった。明らかに大友皇子を中心とする人事体制であり、皇子の勢力基盤が構築されたことを意味している。

ちなみに大友皇子が任じられた太政大臣については、後の太政《だじょう》官《かん》制における地位とは異なるもので、皇太子（皇位継承者）にも匹敵する立場であったと理解されることが多い。しかし、わたくしはそうは思わない。皇太子（皇太弟）的立場には現に大海人皇子がいるし、だいいち、天智天皇が何の前触れもなしに突如、大友皇子を継承者にすえるという愚挙に出るか、はなはだ疑問である。

これまでにもたびたび述べてきたように、大海人皇子は皇位継承の最有力候補者であった。それは周知の事実である。いかな天智天皇といえども、その大海人皇子に取って代わる地位を、それも、これ見よがしに大友皇子に与えたとは思えない。大海人皇子を敵に回すだけでなく、人びとの反感を買うことは目に見えている。人望を失うことは、天智天皇がもっとも恐れ、避けてきたことである。大海人皇子が自らの立場を自発的に退かない以上、天智天皇が排斥することはできなかったろう。

そうではなく、このときの太政大臣任命は、大友皇子を臣下のトップにすえ、政界の統括者に位置づけたものと理解する。すなわち表向きは、天智天皇のあとを継承する大海人皇子朝の体制固めという体裁を取りながら、その実、大友皇子体制を構築する布石であった。天智天皇の真意は、大友皇子を大海人朝での皇位継承者に位置づけることであった。「次の次の継承者」に仕立てることであったと、わたくしは考える。そして見逃していけないのは、「次の次の継承者」すなわち大友皇子の将来的擁立を、この時点で近江朝廷の重臣たちも賛同したということである。鎌足没後の新人事を、以上のように理解する。

鎌足の重み

天智天皇は自身の後継者について、鎌足の存命中は大海人皇子に期待し、少なくとも将来を託していたことは間違いない。娘（大田皇女や鸕野ら）を納れたのも、大海人皇子との絆を通して天智・大海人体制の強化をはかるためであった。その時点で、大友皇子を皇位継承者に仕立てるなどといった構想は描かれていなかったといってよい。大友皇子の生母は伊賀出身の采《うね》女《め》で身分は低く、当時の慣習ではハナから皇位継承の圏外に置かれていたからである。

それでも仮に、天智天皇が大友皇子擁立を願うことがあったとしても、それは不可能であったろう。当時、皇位の継承は兄弟間（天智天皇→大海人皇子）で継受されるのが基本であり、たとえそれらすべてを無視して大友皇子を擁立するにしても、鎌足の同意と後押しが不可欠であった。大化改新以来の政治的経緯から判断して、天智天皇が独断でなしえることではない。天智朝における鎌足は、それほど重要な存在となっていた。

その鎌足が亡くなった。補佐を失った天智天皇が政治面で大きなダメージを受けた反面、大友皇子への愛情を遠慮なく剝《む》き出しにすることができたのも、事実であったろう。鎌足を失った淋《さび》しさとは裏腹に生じた、重圧からの解放である。察するに、鎌足の呪縛から解き放たれた天智天皇は、大友皇子擁立への実現に向けて、一挙に歩み出したのではなかろうか。

天智天皇の皇子は四人（巻頭「天智・天武の皇子・皇女」系図参照。このうち建皇子はすでに没）いた。長男が大友皇子である。鸕野より三歳年下で、このとき二十四歳になっていた。しかも大友皇子は有能な若者に成長していた。これが凡庸な男子であれば、天智天皇もさほど愛情を注ぐことはなかったろう。しかし、人望があり、人並み以上に政治的資質があったというから、自身がめざしてきた中央集権国家完成の夢を大友皇子に託そうとしたのも無理はない。

ただ翻って考えると、大友皇子の擁立を大海人皇子が受け容れるであろうか。とくにキサキの鸕野が納得するかどうか。天智天皇と違って大海人皇子には男子が多く、鸕野の皇子草壁はその一人にすぎなかったが、鸕野がこの草壁皇子を偏愛していることは誰の目にも明らかであった。鸕野の姉、大田皇女が亡くなってからは、大海人皇子の後継者としてこの草壁が皇子のなかでもっとも優位な立場にあった。

鎌足の生前は考えもしなかった大友皇子の擁立、それを実行すべきか否か、思い悩んだであろうが、大友皇子の才華が天智天皇を苦悩させることになったのは皮肉というほかはない。

大友皇子の風采

大友皇子の母は伊賀出身の采女宅子娘《やかこのいらつめ》である。采女とは各地の豪族から選ばれて天皇の身辺に仕える女性で、畿内の王族や豪族の娘に比して身分は高くない。しかし、大友皇子には王者としての風格があったようだ。

『懐風藻』（「大友皇子伝」）には大友皇子の風采について、「魁岸奇偉《かいがんきい》、風範弘深《ふうはんこうしん》なり。眼中清耀《がんちゅうせいよう》、顧盼煒燁《こべんいよう》なり（身体は骨格逞しく、風采ははなはだ立派である。眼は輝き清く澄み、瞳《ひとみ》を動かすときにはキラキラと輝くようである）」と述べ、唐の使者は大友皇子の際だった容姿に驚いたとある（六六頁）。多少の誇張を差し引いても、大友皇子が威風堂々とした若者であったことは間違いない。また博学で多くのことに通じており、文武《ぶんぶ》の才能があったとも記している。

大友皇子は渡来人とも深い交友関係があったようで、『懐風藻』には沙宅紹明《さたくしょうみょう》（法律家）や答体春初《とうほんしゅんそ》（兵法家）・吉大尚《きちだいしょう》（医師）・許率母《こそちも》（五経博士）・木素貴子《もくそきし》（兵法家）などを招いてさ

渡来人（百済国）の登用

（『日本書紀』天智十年正月条）

専門分野	人名	叙爵
法官大輔	佐平余自信《さへいよじしん》 佐宅紹明《さたくしょうみょう》	→大錦下《だいきんげ》
学職頭	鬼室集斯《きしつしゅうし》	→小錦下
兵法（に精通）	達率谷那普首《だちそちこくなしんす》 木素貴子《もくそきし》 憶礼福留《おくらいふくる》 答炑春初《とうほんしゅんそ》	→大山下《だいせんげ》
薬（に精通）	炑日比子賛波羅金羅金須《ほんにちひしさんはらこむらこむす》 鬼室集信《きしつしゅうしん》 達率徳頂上《だちそちとくちょうじょう》 吉大尚《きちだいしょう》	→小山上《しょうせんじょう》
五経（を習得）	許率母《こそちも》	→小山上
陰陽（を習得）	角福牟《ろくふくむ》	→小山上

残りの達率《だちそち》ら50人余りに小山上を授けた

まざまな学問を学んだともある。いずれも天智朝において百済から亡命してきた渡来人で、たとえば天智天皇は、兵法に通じた答炑春初を長門の国に派遣して城を築かせている。天智天皇はこうした亡命渡来人に冠位を与えて近江朝に仕えさせ、その技術や学識を積極的に活用したのであり、大友皇子との関係もそうしたなかで結ばれたものであった。

鎌足が亡くなってからの天智天皇は大友皇子への期待が増幅し、皇位継承者に仕立てる夢が現実味を帯びていったと思われる。だからといって、大海人皇子から皇太弟（次期皇位継承者）という地位を奪い、代わって大友皇子を皇太子にしようと考えたわけではない。大海人皇子や鸕野の言動を理解するうえで、これは大事である。ここで再度確認したのも、そのことを記憶しておきたかったからである。
ともあれ、天智天皇の最大の課題となったのが、大海人皇子のもとで大友皇子を継承者に仕立てる方策であった。そして天智天皇が得た結論は、何よりも政界において大友皇子の人脈を形成すること、それが先決だということであった。大友皇子を太政大臣という朝廷のトップにすえ、旧来の有力豪族を左・右大臣に任命するという新人事が行われた理由である。

次の次の継承者

ちなみにこの新人事について、有力豪族の勢力を抑圧する方針をとっていたはずの天智天皇が、蘇我・中臣・巨勢などの旧勢力を登用したことは理解しかねるとの見方もあるが、そうではなく、これはひとえに大友皇子を擁護し輔弼《ほひつ》するための措置であったと考える。出自の高くない大友皇子に対する風当たりは、ただでさえ強かったはずである。そこで旧豪族を体制に吸収して反感を緩和し、豪族たちと妥協することによって大友皇子のブレーンの形成を狙ったのである。政策上、後退もやむをえないことを承知のうえでの苦肉の策であった。

繰り返していうが、大事なのはこの新人事によって、天智天皇が近江朝廷の旧豪族たちから、大友皇子体制への樹立と協力の同意を得たということだ。場合によって彼らは、皇太弟大海人皇子の立場を孤立させかねない勢力にもなりえたのである。

次期天皇の候補者として大海人皇子が存在する以上、大友皇子は「次の次の継承者」に位置づけざるをえなかった。大友皇子に期待する天智天皇の真意を、聡明《そうめい》な大海人皇子が察していなかったとは思えない。あるいは、天智天皇が大海人皇子に内意を漏らしたという可能性も考えられなくはない。しかしどういう状況であるにせよ、大海人皇子が即位をすれば、皇太子を決めるのは天皇となった大海人皇子であり、他の誰でもない。天智天皇に指示されるはずのものではない。大化改新以来、それが天皇権力（王権）の象徴として確立されてきたのである。

そうしたことから判断すると、天智天皇の真意を知った大海人皇子は憤りすら感じたかもしれないが、それ以上に衝撃を受けたのは鸕野ではなかったか。大友皇子が即位すれば草壁即位の望みはほとんどない。このとき鸕野は二十七歳、草壁皇子は十歳に成長していた。一歳下に姉大田皇女が生んだ大津皇子もいた。血脈からいっても、草壁皇子と大津皇子は後継者として申し分がなかった。その二皇子をさしおき、それも出自の低い大友皇子の即位などありうることか。鸕野には、父天智天皇の決断が理解できなかったのではなかろうか。

大津皇子はさておき、草壁皇子の将来はどうなるのか。大友朝が実現すれば、草壁皇子や大津皇子は臣下の立場に甘んじ、その体制を支えていかなければならなくなる。鸕野の心中は複雑であったに違いない。

さかのぼれば、近江朝廷（大友皇子）の打倒、すなわち壬申の乱はすでにこのときから始まっていたのである。

二　大海人皇子の出家

天智天皇の賭け

大友皇子を太政大臣に任命して八ヵ月後の九月（一説には八月とも）、天智天皇は体調を崩して床につく。やがて、死期が近いことを悟ったのか、天智天皇は仏教への帰依を深めていった。十月に入って宮中の仏殿では百仏の開眼儀式が行われ、法興寺（飛鳥寺）には袈裟《けさ》など多数の珍宝を奉納させている。そして十月十七日、重態に陥った天智天皇は大海人皇子を寝室に呼び寄せて、こう言った。「朕、疾甚《やまいおも》し。後事をもって汝《なんじ》に属《つ》く（私の病気は重い。後事をお前に託したい）」云々《うんぬん》と。これに対して大海人皇子は、「私自身も病気がちで、とてもお受けすることはできません」と即座に固辞し、「請う、洪業《ひつぎ》を奉《あ》げて、大后に付属《さず》けまつり、大友王をして、諸《もろもろの》政《まつりごと》を奉宣《のりたま》わしめんことを。臣、請願《ねが》わくは、天皇の奉為《おおみため》に、出家して修道せん（どうか皇位は大后〈皇后の倭姫〉に付託なさり、大友王にすべての政務を執り行っていただくのがよろしいでしょう。私は天皇のために出家して修行をいたします）」と答えたので、天智天皇もこれを許したという。『日本書紀』に記すところである。ただし事前に、大海人皇子に好意を寄せる蘇我臣安麻侶《やすまろ》が、「有意《こころしら》いて言《のたま》え（用心してお話しなさいませ）」と警告したので、大海人皇子は慎重に受け答えしたとも見える（天武天皇即位前紀）。

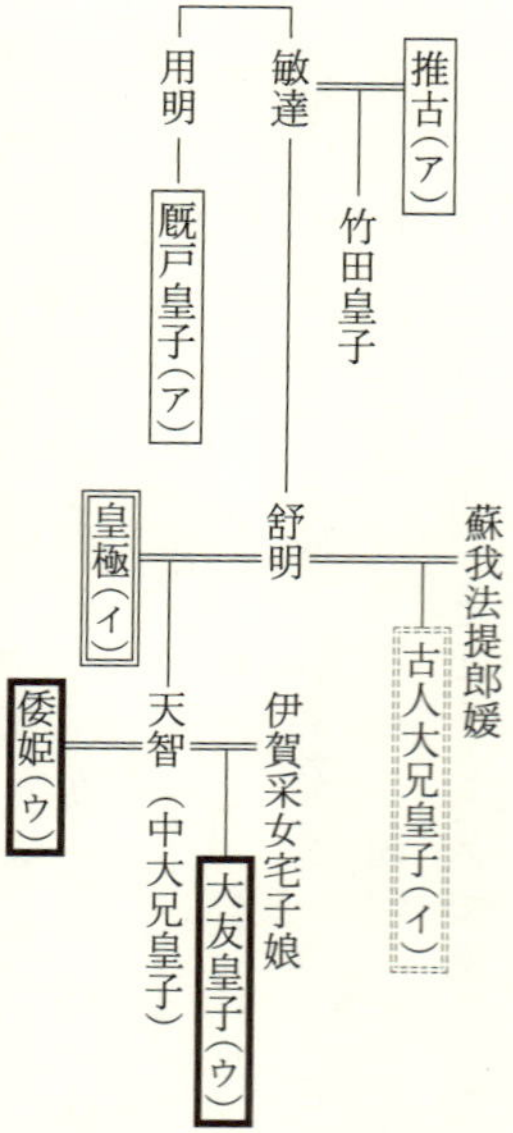

・（ア）（イ）（ウ）は、それぞれ女帝と皇太子との関係を示す
・ただし、古人大兄皇子は実際に立太子されたわけではない（一七頁）

大海人皇子の進言

大海人皇子にとっては命がけのやり取りであった。その返答いかんでは、天智天皇がどのような行動に出るか、大海人皇子は百も承知でその場に臨んだものと思われる。これは病床にあった天智天皇とて同様であったろう。大海人皇子の態度、返答は天智天皇にとっても大きな賭けであったはずだ。申し出を黙って諒承したならば、それで良し、少しでも口を挟むようであれば、大海人皇子は政治的野心を抱いているということである。少なくとも病床の天智天皇は、大海人皇子をそのように判断したはずである。

大海人皇子の進言

大海人皇子の答えが天智天皇の予想通りであったのか、それとも予想外だったのか、いずれにせよ大海人皇子は、大友皇子に皇位を継承させたいのなら、まず立太子させて政務に携わらせ、そのうえで実現すべきである、それには女帝の即位が先決であると指摘したのである。大友皇子はこのとき二十四歳であり、年齢のうえで即位は不可能であった。大海人皇子の進言は、すでに述べたように推古天皇や皇極天皇など女帝の立場を踏まえてのものであり、的確であったことを知る。そして大海人皇子自身は皇位継承を放棄し、出家したいと申し出たのであった。

ところで、この天智天皇と大海人皇子とのやり取りについて、不思議なことであるが、これまで誰も深く考えようとはしてこなかった。すなわち、天智天皇が大海人皇子に対して「後事を託したい」と言ったことを、たんに「皇位を授けたい」と解釈するだけに止《とど》まり、その結果天智天皇の本心が大友皇子の即位にあることを見抜いた大海人皇子が、女帝を立てることを進言し、自身は皇位を辞退したと理解してきたのである。しかし、このときの両者の間には大友皇子擁立について、もっと具体的なやり取りがあったのではないか。そうでなければ、大海人皇子がこれほど確かな提言をするはずがないと思う。しかも、その場にいたのが二人だけであったとは考えられない。大友皇子がいた可能性もある。「後事を託す」との天智天皇の真意は、そうしたことを踏まえて理解すべきであろう。

「後事を託す」の意味

すなわちこうした経緯から判断すると、大海人皇子が女帝の即位についてまで進言したのは、このとき天智天皇が大友皇子の擁立を口に出したからに違いない。といって誤解していけないのは、大海人皇子に代えて擁立したいといったのではない。大海人皇子は皇太弟としてすでに実績があり、天智天皇の後継者であることは周知の事実であった。そうではなく、天智天皇が持ち出したのは大海人皇子の後継者（皇太子）とすることであったはずだ。いわゆる「次の次の継承者」（九七頁）に大友皇子を位置づけたいということ、その確約を大海人皇子に求めたのがこのときの両者間でのやり取りであったと考える。そして、その場には大友皇子や皇子に付けられた五人の重臣たちもいたはずである。のち大海人皇子が近江を去ったあと、天智天皇の前で誓約をした五人で、彼らがそこに控えていてこそ大海人皇子の確約も現実味を帯びるものとなったからである。

翻って考えてみると、天智天皇と大海人皇子とのやり取りが、たんに皇位を譲るというだけであったのなら、皇太弟である立場からいって、大海人皇子が承諾して何の不都合もない。たとえ承諾することで身の危険を感じたとしても、それを回避するためには、私も病気がちでお受けできませんとの返答ですむこと、大友皇子の擁立や皇后倭姫の即位まで提案する必要など、まったくない。大友皇子を後継者に託され、その確約を求められたからこそ、大海人皇子は自身が出家（皇位継承権を放棄）することによって辞退の意思表示をし、その代替案として女帝の即位を進言したのであった。

後継者についての大海人皇子の構想は、むろん自身の皇子たちへの継承であった。それが鸕野の願いでもあったことはいうまでもない。大海人皇子にとって采女を母とする大友皇子を継承者とするなど、考えられないことであった。出家するだけでなく、女帝の即位まで進言したのは、重臣たちが側《そば》にいたからである。自身に政治的野心がないことの証人に仕立てたのであった。

以上が、天智天皇が大海人皇子に「後事を託す」と語ったことの具体的な内容であると考える。

永訣

ともあれ、政界から身を引き出家することを申し出た大海人皇子は、天智天皇の許しを得るや、ただちに宮中の仏殿に行って鬚《ひげ》と髪を剃《そ》って僧侶となり、また自分に与えられていた兵器すべてを朝廷に返納した。俗世間を捨てたことの証《あか》しであった。出家した大海人皇子に天智天皇から袈裟が贈られている。

大海人皇子の行動は迅速であった。脳裏には、かつて中大兄皇子（天智天皇）によって殺された義兄、古人大兄皇子の姿があったろう。乙巳の変の年（六四五年）、皇位を勧められた古人大兄皇子がそれを辞退し、ただちに飛鳥寺で出家し吉野へ籠もっている。大海人皇子もすでにこのとき、吉野へ入ることを決意していたに違いない。

果たせるかな二日後の十九日、大海人皇子は天智天皇に見《まみ》えて吉野への隠遁を願い出たあと、ただちにその日吉野へ出発している。そして、これが大海人皇子と天智天皇の兄弟の永訣《えいけつ》となった。

虎に翼をつけて放つ

その日、左大臣蘇我赤兄・右大臣中臣金、御史大夫蘇我果安らが大海人皇子一行を宇治《うじ》まで見送った。『日本書紀』には、吉野に入る大海人皇子を、「虎《とら》に翼をつけて放ったようなものだ」と評する者がいたとある（天武天皇即位前紀）。「虎」が大海人皇子をさすことはいうまでもない。大海人皇子が傑出した人物であったことを示しているが、その大海人皇子が翼を着けてますます勢力を持つことを意味している。ただし、「翼」を大海人皇子に同行する鸕野とする理解もある。そうだとすれば鸕野は天智天皇の娘として、また大海人皇子のキサキとして、一目置かれる存在であったということであろう。大海人皇子に鸕野がついていれば恐《こわ》い者なしという見方である。

ちなみに、吉野に入る大海人皇子一行を、朝廷の重臣たちがわざわざ見送るというのは腑《ふ》に落ちないとの意見も多いが、そうは思わない。天智天皇の差し金で遣わされた彼らは、一行を近江大津から逢坂山《おうさかやま》を越え、山科を経て宇治橋に差し掛かった辺り、すなわち近江の国境沿いまで同行したのであり、それは大海人皇子の大和＝吉野入りを見届けたことを意味する。彼らの見送りは天智天皇・大友皇子に対する忠誠心の証しであり、大友皇子への主導権の移行の象徴でもあった。大海人皇子にとっては天智天皇が発した無言のメッセージであり、圧力となったはずである。そしてここでも、かつて出家し吉野に入りながら、謀反の疑いで殺された古人大兄皇子が、大海人皇子だけでなく鸕野の脳裏をよぎったに違いない。

翌二十日、吉野に到着した大海人皇子は近江から随従した舎人たちに向かって、二度までも自身が仏道修行に専念することを強調、その結果半数ほどを近江へ退去させている。天智天皇に対して恭順の意を示したもので、大海人皇子がいかに警戒心を抱いていたかを知る。見送りの真意を的確に把握していたのである。

島宮から吉野へ

それはさておき、せき立てられるように近江大津を出立した大海人皇子一行は、その日（十九日）に飛鳥の島宮《しまのみや》に入り、そこで一泊し、翌二十日に吉野に到着したのであった。

島宮はもともと蘇我馬子が飛鳥川の傍らに営んだ自邸の庭に造った離宮で、その名は庭に池を掘り島を設けたことに由来するという。乙巳の変によって蘇我本宗家が滅亡したあと、天皇家の所有となっていたようだ。一行がここに入り宿泊しているのも、むろん予定の行動であり、事前に許可を得たものである。

それにしても大津から吉野までおおよそ一〇〇キロ、それも険しい山道を歩いてたどり着くのは、相当の強行軍であったといわねばならない。朝廷への忠節を示すには、グズグズしてはおれない、一刻も早く吉野に到着しなければならなかった。このとき大海人皇子に同行したのは数あるキサキのうち、鸕野一人であった。そして幼子二人、一人は十歳の草壁皇子、もう一人は生まれたばかりの忍壁《おさかべ》皇子で、時に草枯れの十月、山深い吉野の寒さはことさら身に染みたであろう。暗澹《あんたん》たる前途を思うにつけても、言語に絶する厳しい強行軍であったに違いない。

ちなみにこのときの吉野入りに関

天武天皇の歌（『万葉集』巻一―二五）

み吉野の　耳我《みみが》の嶺《みね》に　時なくぞ　雪は降りける　間《ま》なくぞ　雨は降りける　その雪の　時なきがごと　その雨の　間《ま》なきがごと　隈《くま》もおちず　思ひつつぞ来《こ》し　その山道《やまみち》を

して『万葉集』（巻一―二五）には、天武天皇（大海人皇子）の歌が収められている。「あのときは、吉野の耳我《みみが》の嶺《みね》に雪が降っていたなあ」から始まり、「長い山道を物思いに沈みながらやってきたなあ」で終わる。壬申の乱に勝利した天武天皇が再び吉野を訪れたさいに回想して詠んだものというが、悲壮感、絶望感がヒシヒシと伝わってくるようだ。この歌については、のちにあらためて取り上げることにしたい。

なお大海人皇子らが入った吉野宮は、吉野町にある宮滝遺跡と見るのが通説となっている。吉野川上流の地で、かつて斉明女帝が造営した離宮（六五六年）のあったところである。大海人皇子の母であり、鸕野にとっては祖母にあたる。造営は十五年前のことであるから、まだ建物もほとんどそのまま残っていたのであろう。

沈鬱《ちんうつ》な気持ちでたどり着いた大海人・鸕野は、亡き斉明天皇が残した離宮に入り、しばしの安らぎを得たに違いない。

天智天皇の詔

大海人皇子と鸕野らが吉野へ入った翌月の十一月二十三日、大友皇子は宮中西殿に安置されている織物《おりもの》の仏像の前で香鑪《こうろ》を手に取り、重臣たちと誓約している。左大臣蘇我赤兄・右大臣中臣金、御史大夫の蘇我果安・巨勢人・紀大人、例の五人である。まず大友皇子が立ち上がり、「我ら六人は心を一つにして、天智天皇の詔に従おう。もし背くようなことがあれば、必ず天罰を受けるであろう」と言い、左大臣以下も手に香鑪を持って次々に立ち、涙を流して、私ども五人も「殿下」＝大友皇子に従って「天皇の詔」を遵守いたしますと盟約している。六日後の二十九日にも、病床に伏す天智天皇の前で、この五人の重臣が大友皇子を奉じて再び誓約を交わしている。大友皇子の行く末、大友皇子への皇位継承が、死の間際まで天智天皇を苦悩させていたことが知られよう。

このシーンと重ねて語られることの多いのが豊臣秀吉《とよとみひでよし》の故事で、危篤の床にあった秀吉も徳川家康《とくがわいえやす》ら五大老の手をとって、遺児秀頼《ひでより》の将来を頼んで誓紙をとったという。天智天皇にせよ秀吉にせよ、その深刻さと切実さがうかがわれる。

天智天皇の場合、大海人皇子を切り捨てた（というより、大海人皇子が皇位を辞退した）以上、大友皇子の将来は重臣たち五人に託さざるをえなかったのである。

それはともかく留意したいのは、大友皇子や五人の重臣たちが遵守すると誓った「天皇の詔」のことである。二度にわたって「天皇の詔」に違約しないと誓い合っているが、その内容は明らかでない。確かなのは、「天皇の詔」というのが五人の重臣たちに下した天智天皇の命令であり、それは成文化されたものでなく、口勅だったということである。またそれが、大友皇子を擁立し近江朝を継承していくといった内容だったことも間違いない。この「詔」がのちに「不改常典《ふかいじょうてん》」と称して、年少の文武天皇を即位させるための拠《よ》り所とされたことについては、「あとがき」で述べたい。

大友皇子の体制

大友皇子が卑母の所生であること、しかも皇太弟大海人皇子を排斥し、兄弟継承という当時の慣習を無視して擁立すること、これらが皇位継承のうえで障害になることは先に述べた。それだけではない。最大の問題は大友皇子の年齢であった。当時二十三歳という年少の大友皇子が即位するには、なお十年の歳月が必要だった。

厩戸皇子の例でも明らかなように、こうした場合、女帝を要請しその下で大友皇子を皇太子に立てて政務にあたらせるというのが慣例であった。それが推古女帝であり、厩戸皇子であった。天智天皇から後事を託された大海人皇子が、それを辞退したさい、自分に代わって倭姫を即位させて、その下で大友皇子を皇太子にされるのがいいでしょう、と返答したことの意味がそれである（九九頁）。大海人皇子は、皇位継承上での大友皇子の最大の難点、年齢の問題とその解決法を的確に把握していたのである。

ちなみに推古天皇・厩戸皇子を補佐したのが蘇我氏であったように、こうした体制では豪族の協力や後見が必要であった。大友皇子の場合、それが五人の重臣であった。年少であるだけでなく、二重三重の障害を持つ大友皇子の即位を実現するためには、この重臣たちの合意を得て、その協力を取り付ける以外に策はなかったろう。天智天皇が旧豪族を登用した理由である。大海人皇子を退けた以上、彼らを味方に引き入れて大友体制を構築するしか道はなかったのである。

繰り返すことになるが、天智天皇が五人の重臣たちに求めたのは大友皇子の即位実現であり、その体制の維持であった。大友皇子自身を含めて、彼らが遵守すると誓約した「天皇の詔」の内容がそれであったと考える。違約した場合には天罰を蒙《こうむ》るといい、執拗《しつよう》なまでに誓約させているところに緊迫した事態を思わせる。死の淵《ふち》で抱く天智天皇の悲壮感でもあったろう。

それは大海人皇子と鸕野が、吉野に入って一ヵ月が経ち、その生活が日常化しつつあった頃のことであった。近江での切迫した様子は、大海人皇子に味方する舎人たちによって伝えられていた可能性もある。そうだとすれば、吉野で暮らす大海人・鸕野は近江朝廷での緊迫した状況を、固唾《かたず》を呑《の》む思いで見守っていたに違いない。

なぜ吉野なのか

ところで、大海人皇子は仏道修行の地としてなぜ吉野を選んだのか。

むろん、前述したように乙巳の変後、出家して吉野に入った古人大兄皇子の先例にならったことはいうまでもないが、もともと吉野は大和にありながら、大和（奈良盆地）とはまったく異質の世界、別天地であるとの認識があった。柿本人麻呂《かきのもとのひとまろ》は、天下に国はたくさんあるが、山川が美しいのは「吉野の国」であると詠っている（『万葉集』巻一―三六）。山によって隔絶された地域、それが吉野という空間であり、大和国の一部であるが、一つの「国」と考えられていた。そうしたことから、古来、吉野は悟りを開くための修行の地ともみなされていたのである。

ちなみに六世紀中頃に記された『洛陽《らくよう》伽藍記《がらんき》』（洛陽にあった仏寺の旧聞・古蹟《こせき》などを描写した記録）には、都は山で囲まれ、南は開けて遠くに三山のあるのがいいと記されている。中国の都に必ず南に山があるのはそのためで、大和では吉野（山）がその「南山」と呼ばれている。これは『古事記《こじき》』（序文）に見えるもので、出家して吉野に入る大海人皇子についても、大海人皇子は皇位を継承することを予知していたが、まだその時期でないことを悟り、皇太子の地位を捨てて「南山に蟬蛻《せんぜい》し」たと記している。蟬蛻とは蟬の抜け殻、すなわち修行をして悟りの境地に達することをいうが、大海人皇子の南山（＝吉野山）入りはそのためであった。古人大兄皇子も大海人皇子も、僧形姿で吉野へ向かった理由である。

大海人皇子の決意

ただ大海人皇子についてひと言付け加えておくと、右の『古事記』（序文）では、大海人皇子はすでに夢のなかで皇位を継承することを確信し、吉野に入って時期を待っていたとも記されている。だとすれば、大海人皇子は最初から戦う決意を持って吉野に隠棲したわけで、修行は戦闘への迷いを払拭《ふっしょく》するためであったということになる。

もともと『古事記』は、序文（太安万侶《おおのやすまろ》著）によれば、天武天皇（大海人皇子）が『帝紀《ていき》』『旧辞《きゅうじ》』を後世に伝えるために、稗田阿礼《ひえだのあれ》に命じて暗誦《あんしょう》させたのが始まりである。しかし天武天皇が亡くなった（六八六年）ために撰録《せんろく》は実現しなかった。それを和銅《わどう》四年（七一二）、元明天皇が安万侶に撰録を命じ、翌五年に献上したものである。

序文では、古言・古意を正確に伝えるために漢字表記に苦心したことが記されており、阿礼の言葉をできるだけ忠実に書き記そうとしたことがうかがえる。そうしたことから判断すると、吉野入りの決意は、天武天皇自身の口から阿礼に語られた可能性が高く、天智天皇に吉野入りを告げたときから、大友皇子打倒を決意していたことになろう。隠遁生活を含めて、周到な計画がなされたうえでの吉野入りであったと考える。そこには鸕野の支えと進言があったことはいうまでもないが、ここではそれを指摘するだけにとどめたい。

天智天皇の誤算

それはさておき、大海人皇子の心底とともに知りたいのは、病床の天智天皇が吉野へ入る大海人皇子をどのように見ていたかということである。百戦錬磨の政治家として、大海人皇子の真意を見抜けなかったはずはなかろう。

そのとき大海人皇子が古人大兄皇子を想起したように、病床に臥《ふ》す天智天皇の脳裏に浮かんだのも、出家して吉野に入った古人大兄皇子であったろう。二十六年前のことである。ただし天智天皇の受け止め方は、古人大兄皇子と大海人皇子とでは状況や立場が異なり、危険度においても大海人皇子を軽く見ていたのではないかと、わたくしは思う。

思い出してみたい。

古人大兄皇子の場合、皇極天皇の譲位を承《う》けた軽皇子（孝徳天皇）がこれを辞退して、古人大兄皇子こそが皇位継承者として適任であると名指しされるや、ただちに出家して吉野へ入った（時期は明らかでないが、出家と同時に吉野へ入ったと見てよい）。それから三ヵ月後、古人大兄皇子の仲間が自首し、謀反の計画が露見したのである。中大兄皇子は即座に兵を派遣し、古人大兄皇子を殺した。事件がでっち上げであった可能性も否定はできないが、古人大兄皇子の仲間というのが蘇我氏や物部・吉備といった旧豪族であったことを考えると、古人大兄皇子を支援する動きが、改新後も根強く残存していたことを物語っている。改新によって皇位継承権を手に入れた中大兄皇子（天智天皇）にとって、そうした旧豪族の結束や動きがもっとも恐れるところであった。事件発覚後、中大兄皇子が迅速に処断した理由である。

いっぽう大海人皇子の場合、支持する仲間は皇子付きの舎人（下級役人）を除いて、ほとんどいなかった。天智天皇は旧豪族たちを大友皇子のブレーンとして朝廷の重臣に任用し、彼らから大友皇子擁立の同意を得ていたからである。のち吉野を脱出した大海人皇子が積殖《つむえ》（伊賀）の山口で長子高市皇子と合流したさい、高市皇子に向かって、味方に豪族がいないのが口惜しいと弱音を吐いたのは、事実であろう。すなわち天智天皇にすれば、旧豪族を朝廷に取り込み大海人皇子を孤立させれば、クーデターを起こすのは不可能と見ていたのではないか。それに鸕野や草壁皇子ら幼子が大海人皇子に従っており、行動を起こすには足かせとなったはずである。それが天智天皇の誤算であった。推測になるが、天智天皇にしてみれば、鸕野や幼子らを抱えた大海人皇子が挙兵するとは、予想だにしなかったろう。

その意味で、天智天皇の判断は甘かったというべきである。というより、それ以上に大海人皇子の行動が、計算し尽くされたものだったということである。

三　ともに「謀」を定める

崩御

天智天皇十年（六七一）十二月三日、天智天皇は激動の生涯を近江宮で閉じた。四十六歳であった。五人の重臣が天智天皇の枕頭《ちんとう》で誓約をしてから、わずか四日後である。

天智天皇が近江大津宮にいたのは四年間であった。十二月十一日、殯が行われた。儀式を主宰したのは皇后の倭姫であったと思われる。『万葉集』には天智天皇の殯宮に奉仕したキサキたちの挽歌（五首）が収められている。

倭姫については、これ以前に天智天皇が病気に臥せったときに詠んだ歌（巻二―一四七）とともに危篤時（同一四八）、崩御時（同一四九）のものが掲げられている。わたくしがもっとも心惹《ひ》かれるのが、崩御時のものである。

人はよし　思ひ息《や》むとも　玉葛《たまかずら》　影に見えつつ　忘らえぬかも

（たとえ他の人は悲しみを忘れようとも、私には大君の面影がちらついて、忘れることができません）

愛する人を失った悲しみが、千四百年の時を超えて読む者の心を打つ。倭姫の父は、天智天皇によって殺された古人大兄皇子である。姫は恩讐《おんしゅう》を越えて天智天皇に深い愛情を抱いていたのであろう。

ちなみに殯のときに額田王が詠んだとされるのが、次の歌である（同一五一）。

かからむと　かねて知りせば　大御船《おおみふね》　泊《は》てし泊《とま》りに　標結《しめゆ》はましを
（こうなるであろうとあらかじめ知っていたならば、大君の御船が泊まっていた港に標縄《しめなわ》を張って、悪霊の進入を防ぐことができたのに）

港から進入した悪霊によって天智天皇が亡くなったと見て、それを嘆いた歌である。哀切の情を歌に込めた倭姫に比して、額田王の歌は冷静であり、天智天皇の死を客観的に受け止めているように感じるのは、わたくしだけであろうか。二人が置かれたキサキとしての立場の違いを物語っているように思えて仕方がない。

なお『日本書紀』には、天智天皇の殯が行われていた頃に詠われたという童謡《わざうた》が三首記されている（天智天皇十年十二月十一日条）。次は、そのうちの一首である。

み吉野の　吉野の鮎《あゆ》　鮎こそは　島傍《しまへ》も良き　え苦しゑ　水葱《なぎ》の下《もと》　芹《せり》の下　吾は苦しゑ
（吉野の鮎は川の島辺で、所を得てよかろうが、私は苦しいよ、水葱や芹の下で苦しいよ）

童謡とは、政治上の諷刺や社会的事件の予兆として詠われる歌である。神の託宣を受けるとされる童子（幼子）によって歌われたことから、その名があるともいうが、右の童謡で「苦し

天智天皇陵　大海人皇子が吉野から挙兵したのは、天智天皇が没して半年後のことだった

いよ」と訴える「吾」は大海人皇子をさしたもので、吉野での隠棲を強いられた大海人皇子の苦しい状況を、比喩《ひゆ》的に諷刺した歌と解釈されている。むろん、誰が詠ったものかは判然としないが、大海人皇子に同情的な雰囲気があったことは看取されよう。

山陵の造営

天智天皇の陵墓は殯宮儀礼が行われるのと並行して造営されたようだが、『日本書紀』には記載がない。ただし、『万葉集』（巻二―一五五）に、「山科の御陵《みはか》より退《まか》り散《あら》くる時（天智天皇の御陵から大宮人が退出するとき）」に額田王が別れを惜しんで詠んだという歌（そのなかで御陵は具体的に、「山科の鏡の山」と詠われている）が収められていることから、現京都市山科区にある御廟野《ごびょうの》古墳（山科陵）が治定されている。形は上円部が八角形で、下方部は二段築成（ただし下段は南側のみ造成）となっており、天智天皇陵としてほぼ間違いないものと考えられている。

ちなみに天智天皇陵は文武天皇三年（六九九）、斉明天皇陵（越智山陵）とともに修造が命じられている。すなわち十月十三日、斉明・天智の二天皇の陵墓を造営するために大赦が行われ、同二十日には衣縫《きぬぬい》王や大石《おおいし》王ら官人と大工を派遣して、それぞれ修造させている。

斉明陵については斉明天皇七年十一月、飛鳥川原で殯を行ったが、百済救援の出兵のために埋葬は遅れ、天智天皇六年（六六七）二月に娘の間人皇女（孝徳天皇の皇后）とともに小市岡上陵（越智山陵）に合葬されたこと、墳墓の造営に大々的な徴発は行わないというのが斉明天皇の遺言であったこと、などはすでに述べた。その斉明陵の築造から文武天皇三年の修造時まで三十二年、天智天皇の山科陵の場合、造営（六七一年）から二十八年であるが、わずか二十年、三十年で陵墓を修造するという事例はそれまでほとんどない。そんなことから、この二陵墓は未完成であり、そのための造成工事だったのではないかとの理解もあるが、真相は分からない。

ちなみに、『日本書紀』によれば天智天皇が没してから半年後、天武天皇元年（六七二）五月に近江朝廷が美濃・尾張《おわり》の両国司に命じて、山陵造営のための人夫徴発を準備させている。これをきっかけに大海人皇子は吉野を脱出して、挙兵、その後わずか一ヵ月で大津宮は陥落する（後述）。陵墓造営が殯宮儀礼と並行して着手されたとしても、近江朝廷の滅亡まであまりに短期間だったことを考えると、陵墓は未完成のままで天智天皇の遺体が埋葬されたのではないか、と思われてくる。むろん、あくまでも推測の域を出るものではない。

知らせ

それはともかく、『日本書紀』によれば、大海人皇子の舎人であった朴井《えのいの》連《むらじ》雄君《おきみ》が情報をもたらした。近江朝廷が天智天皇の山陵を造るために人夫徴発の準備をさせています、しかも彼らに武器を持たせています、山陵を造るというのは名目です、と。また別の情報では、近江の都から大和の飛鳥に至る道のあちこちに斥候《せっこう》(物見)を置き、警備にあたらせているとのことであった。これを聞いた大海人皇子は、「朕、位を譲り世を遁《のが》れる所以《ゆえん》は、独り病を治め身を全くして、永《ひたぶる》に百年を終えんのみ(私が皇位を譲って遁世《とんせい》した理由は、ひとりで病を治して天寿を全うし、その生涯を終えたかったからである)」と言い、しかし今、避けられない禍《わざわい》に巻き込まれようとしている、これを坐《ざ》して身を滅ぼすわけにはいかない、と言い放って挙兵に踏み切る覚悟をしたという。

ちなみに『扶桑略記《ふそうりゃっき》』(天武天皇元年五月条)には、「世に伝えて云《い》わく」として、「大友皇子の妃」が「窃《ひそ》か」に「謀事」を通報したと記されている。大友皇子の妃とは大海人皇子の娘、十市《とおち》皇女(母は額田王)であるが、その十市皇女が近江朝廷の吉野襲撃計画を事前に大海人皇子に知らせたというのである。皇女は大友皇子との間に葛野《かどの》王(時に四歳)を儲けていた。大友皇子の正妃として、また大海人皇子の娘として胸中は複雑であり、辛《つら》い立場にあったことは間違いない。知らせたのが事実だとすれば、明らかに夫を裏切ったことになるが、はたしてそうか。

こうした噂が流れたのは、十市皇女が夫大友皇子と最期をともにしなかったことに原因があるように、わたくしは思う。これ以前の山背大兄王や古人大兄皇子の場合からも明らかなように、事件後、そのキサキは処罰されるか後追い自殺することが多かった。ところが、この十市皇女は大友皇子が自害をしたあとも生き永らえ、父天武天皇の命で伊勢などにも派遣されている。また高市皇子と通じていた（『万葉集』巻二）との意見などもあるから、それらが噂の出所であった可能性は高いであろう。

乱後の十市皇女についていえば、わたくしは父天武天皇が自害を阻止したものと考えている。十市皇女は乱から六年後に急逝するが、その埋葬に臨席した大海人皇子（当時は天武天皇として即位していた）は、自身が発哀《みね》（死を悲しみ声をあげて泣く）儀礼を行ったという。遺体を前に慟哭《どうこく》する大海人皇子の姿が目に浮かぶ。十市皇女は大海人皇子の長女（第一皇女）、それも額田王との間の娘であった。その娘の夫を殺したのは、ほかならぬ大海人皇子自身であり、娘の後追い自殺は目に見えていたであろう。それを父として坐視《ざし》することはできなかったというのが真相ではあるまいか。

そして、十市皇女が事前に近江方の動静を父に知らせたとすれば、ひたすら父の身を案じたうえでのことであろう。父と夫が争い、その結果夫が殺されるなど、考えもしなかったとわたくしには思われる。

いずれにせよ、十市皇女にとっての乱後の六年は、苦しく堪えがたい年月であったに違いない。

吉野脱出

話を戻す。

大海人皇子にとって大事なのは、挙兵は大海人皇子側から仕掛けたのではなく、あくまでも近江朝廷側の挑発によるものであることを強調する点にあった。正当防衛であり、大海人皇子はやむをえず立ち上がったように仕立てることだが、むろん真偽は明らかでない。ただ、時期から見て、朝廷側が山陵造営のために人夫徴発の指示を出したことは事実であろうが、はたして彼らに武器を持たせて吉野を攻撃する意志があったかどうか。吉野攻撃を計画していたならば、もっと早く、たとえば天智天皇が亡くなった直後に実行していたと考えるからである。武器を持たせているという雄君の情報は、おそらく大海人皇子側のでっち上げであったと思う。そして、そうした大海人皇子の動きには、少なからず鸕野が関わっていたというのが、わたくしの理解である。そのことは、もう少し後で述べてみたい。

大海人皇子が吉野を脱出し、挙兵に踏み切ったのはそれから一ヵ月後であった。

六月二十二日、東国に伝令を送った大海人皇子は二十四日、ついに吉野を脱出した。鸕野、草壁皇子をはじめ従った者はわずか二十人余り、そして女孺《にょじゅ》十人ほどで、それも徒歩での進発であった。二日前、大海人皇子は事前工作のために舎人三人を美濃に派遣しており、これが戦乱の始まりであった。

大海人皇子が戦力としてもっとも頼りにしたのが、美濃国であった。皇太子の直轄領として大海人皇子と関係が深かったからである。そこへ使者を派遣して、「不破道《ふわのみち》」を占拠せよと命じたのである。「不破道」を押さえることで、東国と近江朝廷との分断をはかろうとしたのである。これ以前、東国では対外戦に備えて組織的に軍兵（農民兵）の徴発が行われており、それを手中に入れるかどうかによって生じる軍事力の差が、勝敗のポイントとなっていた。東国の争奪が重要視された理由である。ちなみに大海人皇子は脱出から二日後の二十六日、伊勢の朝明《あさけ》郡で「不破道」の占拠に成功したという報告を聞いている。

なお大海人皇子が東国への使者を派遣し、事実上挙兵を宣言した六月二十二日は、「壬午《じんご》」の日であった。陰陽道《おんみょうどう》では行吉事（挙兵）にとって吉日にあたるといい、大海人皇子が意識的に選んだ日とされている。『日本書紀』によれば、大海人皇子は天文・遁甲《とんこう》（占星術）にすぐれていたといい、鸕野もまた陰陽五行に通じていたというから、かねてから予定された日であったのだろう。

舎人の日記

大海人皇子が吉野を脱出したあと、伊賀・伊勢を経て「不破道」に至る行動や戦闘の状況、経過については『日本書紀』に生々しく記されている。それは大海人皇子に従った舎人たち、安斗智徳《あとのちとこ》・調淡海《つきのおうみ》・和珥部君手《わにべのきみて》らが逐一記録していたからである（『釈日本紀《しゃくにほんぎ》』）。『日本書紀』の記述は彼らの日記や、大和・河内で活躍した大伴《おおとも》氏の合戦記録などが素材となっている。

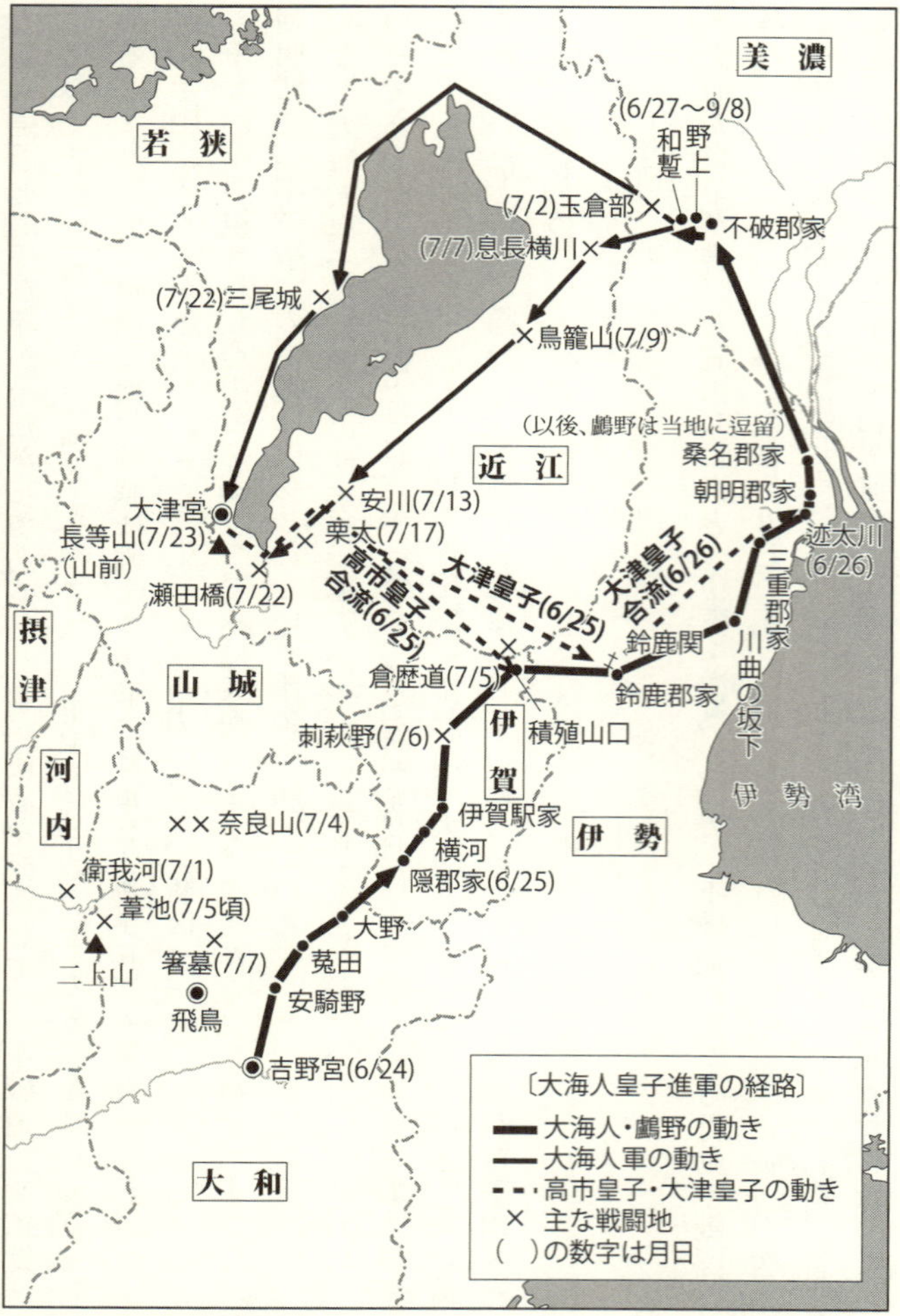
美　濃
若　狭
(6/27～9/8)
野上
和蹔
(7/2)玉倉部
不破郡家
(7/7)息長横川
(7/22)三尾城
鳥籠山(7/9)
(以後、鸕野は当地に逗留)
桑名郡家
近　江
朝明郡家
安川(7/13)
大津宮
長等山(7/23)
(山前)
栗太(7/17)
迹太川
(6/26)
瀬田橋(7/22)
大津皇子(6/25)
高市皇子
合流(6/25)
大津皇子
合流(6/26)
三重郡家
摂
津
鈴鹿関
川曲の坂下
山　城
倉歴道(7/5)
鈴鹿郡家
伊
賀
積殖山口
莿萩野(7/6)
河
内
伊賀駅家
伊　勢湾
伊　勢
奈良山(7/4)
横河
衛我河(7/1)
隠郡家(6/25)
葦池(7/5頃)
大野
箸墓(7/7)
莵田
二上山
安騎野
飛鳥
吉野宮(6/24)
〔大海人皇子進軍の経路〕
大海人・鸕野の動き
大海人軍の動き
高市皇子・大津皇子の動き
× 主な戦闘地
(　)の数字は月日
大　和

大海人皇子進軍の経路

壬申の乱（大海人皇子の動き）

6.22	美濃に伝令を送り、挙兵を命ず
24	吉野を脱出 → 菟田《うだ》の吾城（食事）→ 甘羅村 → 大野で日没
25	夜半に隠郡《なばり》に到着 → 横河（黒雲現れる）→ 伊賀の駅家 → 夜明けに莿萩野《たらの》に到着（食事）→ 積殖の山口（高市皇子が合流）→ 伊勢の鈴鹿に到着 → 川曲《かわわ》の坂下で日没 → 三重の郡家
26	朝明《あさけ》郡の迹太《とお》川の辺（天照大神を望拝。大津皇子が合流。皇子は前日鈴鹿の関に到着していた）→ 桑名の郡家に宿泊（高市皇子を不破に派遣）、そのまま進軍せず
27	→ 不破の郡家（高市に全権委任）→ 野上（行宮を造営して滞在）
28	→ 和蹔《わざみ》（軍事を検分）→ 野上
29	→ 和蹔（高市に命じて軍衆号令）→ 野上（不破宮）
	野上（この間、各地で戦闘） （7.22　瀬田橋の合戦。大友皇子は左右大臣らと逃走） （7.23　大友皇子、山前で自害。大臣らは逃走） 7.26　大友皇子の首実検 8.25　近江方の群臣の罪状を発表
9. 8	野上を出発→桑名に宿泊
9	鈴鹿に宿泊
10	阿閉《あへ》に宿泊
11	名張に宿泊
12	→ 島宮に到着
15	→ 岡本宮に移る

舎人とは天皇や豪族などに近侍しその護衛や雑務にあたったもので、多くは国造《くにのみやつこ》（在地の有力豪族）やその一族から貢上された。美濃国を直轄領としていた大海人皇子の場合は、したがって美濃出身の舎人が多かったと思われる。吉野進発にさいして、三人の舎人を美濃に派遣したのも現地の事情に通じていたからである。

繰り返すことになるが、『日本書紀』に記

すいわば「壬申紀」は、こうした舎人たちの日記を基に作成されたものである。したがって文飾や錯綜は当然あるものの、当時の様子を具体的に知ることができるという点で貴重である。本書ではその経過を大海人皇子の動きを中心に、表・地図でまとめておくことにする。

ただし、乱における大海人皇子の一連の行動で気になる事柄がいくつかある。

その一つが、遥拝《ようはい》である。

天照大神を望拝す

吉野を脱出して二日後、六月二十六日の朝、大海人皇子一行は「朝明《あさけ》郡の迹太川《とおかわ》」に到着した。いまの朝明川《あさけがわ》(三重県四日市市《よっかいち》)辺りといわれているが、『日本書紀』によればその日の「朝」、この川辺から大海人皇子は、「天照太《あまてらすおお》(大)神《みかみ》」を「望拝」したという。ちなみに『日本書紀』の原本となった先述の「安斗智徳日記」では、「二十六日辰《たつ》の時、朝明郡の迹大川の上《ほとり》において、天照大神を拝礼す」と記されている。したがって『日本書紀』の編者は原本をほぼそのまま転記しているが、二ヵ所――「辰の時」を「朝」に、「拝礼」を「望拝」に書き換えていることが知られよう。「辰の時」というのは午前八時前後である。

それはさておき、この日の記述からよく誤解されるのは、大海人皇子はこのとき伊勢神宮を遥拝したとの指摘である。いうまでもなく、今日の伊勢神宮が天照大神を祭神としているからである。しかし、この時期にはまだ伊勢神宮は整備されていないばかりか、天照大神そのものも伊勢の神として祀られていたわけではない。大海人皇子が拝んだのは、いわゆる「太陽」であった。

もともと太陽に対する信仰（太陽信仰）は東アジアで広く流布していた。農耕を左右する太陽は大地に恵みをもたらす自然神であり、とくに四方を海で囲まれたわが国においては、海上から昇る太陽が、古くから崇拝の対象となっていた。暗闇を明けそめる太陽に畏敬《いけい》の念をもって手を合わせるのは、自然の道理であろう。

しかし、このとき大海人皇子が拝礼したのはそうした風習や観念からではない。大海人皇子が生死を賭けた苦境にあったからだと、わたくしは思う。

というのも二十四日に吉野を脱出して以来、一行は悪天候に見舞われ続けていた。すなわち一刻も早く東国に入ろうとする大海人皇子は、その日、日の入りまでに大野《おおの》（現奈良県宇陀《うだ》市）に到着する予定であった。ところが大野で日が暮れてしまい「山暗くして（闇夜で）」進行できなくなり、家の垣を壊して灯火にしている。おそらく曇天で月明かりがなかったのであろう。それでも夜を徹して行軍し、夜半、横河《よこかわ》（現三重県、名張川）にたどり着いたとき、広さ十丈余りにわたって黒雲が天空を覆ったという。案の定、川曲《かわわ》の坂下《さかもと》で雷雨に見舞われ寒

天武天皇迹太川御遥拝所跡
大海人皇子が天照大神を望拝したところと推定されている
（写真・四日市市教育委員会）

さに耐えられなくなり、三重郡家に着くと、家を焼いて暖をとっている。この間鸕野の疲労は極限に達していたと記しているが、ほとんど休憩もせずに、しかも慣れない山道で、輿《こし》に乗っていたとはいえ、疲労困憊《ひろうこんぱい》した様子は想像に余りある。これが二十五日である。そして一行は長い山間部を過ぎ、翌二十六日朝、ようやく平野部に出たのであった。

大海人皇子が拝礼したのはその日の朝、八時前後であった。今日でいえば七月末であるから、日の出はおおよそ午前五時前後であろうか。したがって大海人皇子が拝礼したのは日の出の太陽ではなかったということである。思うに、その日の朝もどんよりとした雲が垂れ下がっていたのであろう、一行は重苦しい気分に包まれていた、するとその雲間から突如太陽が顔を出したのである、思わず大海人皇子がその太陽を拝礼したというのが、真相ではなかったか。太陽への拝礼は、まさに大海人皇子の胸中からあふれ出る喜悦の声そのものであった、というのがわたくしの理解である。

瑞兆

大海人皇子にとって、それは何にも優《まさ》る瑞兆《ずいちょう》であった。前日の横河で黒雲が現れたとき、大海人皇子は自らが式《ちょく》(占いの道具)を取って、自分が天下を取ることができるであろうと占っている。太陽の出現は、その占いを決定づける吉兆であり、大海人皇子が感奮《かんぷん》したであろうことはいうまでもない。むろん、士気を鼓舞する意味もあってのことである。

よく知られた迹太川での大海人皇子の望拝を、わたくしは以上のように理解する。これまで、望拝を当時の悪天候との関係から述べるということはほとんどなかった。大半は伊勢地方もしくは伊勢の神に対する崇拝、あるいは戦勝祈願と理解されてきた。しかし、史料を丹念に読めば、大海人皇子が思わず太陽を拝礼した胸中が素直に理解されよう。あらためて、大海人皇子が置かれていた当時の状況の厳しさを思わずにはおれない。それは鸕野も同様であった。

いうまでもなくこのときの感激が乱後、伊勢神宮の整備につらなっていった。このときの吉兆となった「太陽」が天皇家の祖先神「天照太（大）神」と重ね合わされたのではないかと推測する。ただし、その「天照太（大）神」は天皇によって奉祀《ほうし》される場所＝宮（神社）を持っておらず、その宮として整備されたのが伊勢神宮だと考えられる。

赤旗耀く

気になるその二は、大海人方が目印にした軍旗である。

七月に入り近江方との最終決戦を迎える頃、大海人方の軍勢は数万に膨れあがっていた。そこで敵方との区別を明確にするために、大海人軍は軍旗だけでなく、「赤色を、以ちて衣の上に着（味方の衣服の上に赤色をつ）け」させている（『日本書紀』七月二日条）。

『万葉集』（巻二—一九九）には、柿本人麻呂が詠んだ高市皇子の挽歌が収められ、乱当時の高市皇子の奮戦ぶりを次のように詠っている。

虎か吼《ほ》ゆると　諸人《もろひと》の　おびゆるまでに　ささげたる　旗の靡《なび》きは　冬こもり　春さり来れば　野ごとに　つきてある火の　風の共《むた》　靡《なび》くがごとく……

（〔高市軍勢の様子は〕虎が吼えるかと人びとが怯《おび》えるほどで、兵士が捧《ささ》げ持つ軍旗の靡く様子は、冬が去り春が来ると一斉に野火が風にあおられて靡く有り様さながらに……）

兵士の持つ軍旗（赤旗）の風にあおられる様子が、まるで野火のごとくであると詠った人麻呂の感性、表現力はまことにリアルである。赤旗については『古事記』（序文）にも、「猛士《たけきおのこ》烟《けぶり》のごとく起り、絳旗《こうき》兵《つわもの》を耀《かがや》かして、凶徒瓦のごとく解けき（勇士が煙のように現れ、赤い旗が兵器を輝かして、近江朝廷軍は瓦が崩れるように敗れ去った）」と見える。ちなみに「絳旗（赤い旗）」は、古代中国、漢《かん》の高祖《こうそ》（劉邦《りゅうほう》）が赤旗を用いた故事にちなむといわれているが、吉《よし》野裕子《のひろこ》氏によれば、もっと積極的な理由があったという。

前述したように、大海人皇子と鸕野は占星術や陰陽道（陰陽五行思想）に通じており、わざわざ陰陽道で出発・挙兵の吉日にあたるという日を選んで蹶起《けっき》したのであった。氏によれば、その大海人皇子は自身を陰陽五行でいう「火徳」としてとらえており、漢の高祖（火徳）に共通するところから、自身を「火徳の君」になぞらえて、火徳の漢の高祖と同じ赤色を使ったというのであるが、いずれにせよ、漢の高祖にちなむ赤色だったということは間違いなさそうでである。

本営は桑名？

気になるその三は、不破への移動である。

朝明郡の迹太川で「天照大神」を拝礼した大海人皇子は、その日（二十六日）桑名《くわな》の郡家に宿泊し、留《とど》まっている。ところが翌日、不破に派遣した高市皇子から、離れていて不便だから近くに来てほしいとの要請を受け、鸕野を桑名に留めたまま、自身はただちに不破に入っている。

これまであまり指摘されていないことだが、わたくしは、大海人皇子の計画では、当初この桑名に本営を置くつもりだったのではないか、と考える。

『日本書紀』には、「この日（二十六日）、天皇（大海人皇子）桑名郡家に宿りたまい、すなわち停りて進《い》でまさず」と記している。二十四日以来、夜を日に継いで進軍してきた大海人皇子がはじめて宿泊したのがこの桑名であり、しかも仮泊でないことは「停りて進でまさず（留まって行軍しなかった）」といった記載から読み取ることができる。

知られるように桑名（現三重県）は木曽《きそ》三川（木曽川、長良《ながら》川、揖斐《いび》川）の河口にあり、海上・陸上交通の要衝地である。近江・大和（飛鳥）への進撃をめざす大海人皇子にとっては作戦上不可欠の要地であり、万が一不利な状況に陥っても伊勢湾《いせわん》を利用して退避することも可能であった。

こうしたことから判断すると、大海人皇子の第一の目標は、この桑名を押さえることであったように思われる。それが急遽《きゅうきょ》不破に移ることになったのは、要請を受けた大海人皇子が、高市皇子の指揮だけでは近江朝廷に抗戦しきれないと判断したからである。この頃には近江方の動きも活発化し、戦況が予想以上に緊迫していたのである。その結果、大海人皇子は作戦計画を変更せざるをえなくなり、桑名を不破の兵站《へいたん》地として位置づけ、不破を前線基地とする決断を下したのであった。

鸕野が桑名に留まった理由

さて、不破へ移動した大海人皇子であるが、わたくしが留意したいのは、そのさい、鸕野を桑名に留めたまま一人で不破へ向かったことである。ちなみに大海人皇子が桑名に戻ったのは近江朝廷を破ったあと、九月八日のことで、この間七十日余り、鸕野は桑名に留まっていた。吉野隠棲以来、苦楽をともにしてきた大海人皇子が、なぜこのとき鸕野を桑名に残したのか、これもまた従来問題にされてこなかったことが不思議である。

結論を先に述べると、一行のなかに鸕野の息子草壁皇子をはじめ大津皇子・忍壁《おさかべ》（刑部《おさかべ》）皇子ら幼い子どもたちを抱えていたことが理由の一つだったのではないか。吉野を脱出した大海人皇子はその日（二十四日）、大津宮に留まっていた高市皇子と大津皇子に伊勢で合流するように命じており、高市皇子は翌日、「積殖の山口」で合流、大津皇子は一日遅れて「朝明《あさけ》郡の迹太《とお》川」に参上している。

その後大海人皇子は高市皇子を不破に遣わし、桑名の郡家に宿泊していたところ、高市皇子から援軍の要請が来たのであった。高市皇子はこのとき十九歳、草壁皇子は十一歳、大津皇子は十歳であった。忍壁皇子の年齢は不詳であるが、一、二歳の乳飲み子ではなかったか。当時大海人皇子の息子はこの四人だけで、いうまでもなく高市皇子が最長子であった。戦闘に参加できる身内は高市皇子以外にいなかった。

ちなみに草壁皇子や大津皇子について、その後大海人皇子のもとに赴いた形跡もなければ参戦した様子もない。そうしたことから、三人の幼子らは乱が終結するまでの間、桑名に滞留する鸕野のもとで生活したものと、わたくしは推測する。すなわち鸕野が桑名に残ったのは幼児を抱えていたからで、万が一形勢が不利となった場合、幼児たちを連れて脱出する方策を準備しておくことも戦闘には不可欠であった。立地条件のうえで桑名は申し分なく、その意味で桑名滞留は、不破での決戦に向けて万全を期した防御策であったように思う。

加えて、桑名は策源地としても最適であった。狭間《はざま》地形に位置する不破に本営を置くとなれば、その不破へ物資を供給する後方基地が必要となる。それが桑名であった。大海人軍が勝利するためには、前線の不破と後方の桑名との連携が不可欠となる。そのためにも桑名を手放すわけにはいかなかった。

鸕野が、あえて桑名に留まった理由を以上のように考える。大海人皇子が前線基地の総指揮官とすれば、鸕野は後方支援の統括者であったといえよう。

とはいえ、それまで行動をともにしてきた鸕野にとって、夫と別行動をとることがどれほど不安であり、心細かったであろうか。鸕野の心中を推し量るだけでも、震えそうである。

鸕野の政治力

しかし冷静に考えると、この二面作戦（不破と桑名）を積極的に推進したのは、鸕野であったように思われる。というのも鸕野について、『日本書紀』（持統天皇称制前紀）に次のように記されているからである。

天渟中原瀛真人《あまのぬなはらおきのまひと》天皇の元年の夏六月に、天渟中原瀛真人天皇に従い、難《わざわい》を東国に避けたまい、旅《いくさ》に鞠《つ》げ衆《もろひと》を会《つど》え、遂《つい》に与《とも》に謀《はかりごと》を定む。迺《すなわ》ち分《わか》ちて敢死者《たけきひと》数万に命《みことおお》せて、諸《もろもろ》の要害の地に置きたまう。

（鸕野は六七二年六月に、大海人皇子〔天武天皇〕に従って東国に危難を避け、軍衆を集結させ、ともに謀計を定められた。そして勇敢な兵士数万人に諸々の要害の地に配置するように命じられた）

また翌年、大海人皇子が即位し鸕野が皇后に立てられたときについても、次のような記載がある。

立ちて皇后と為りたまう。皇后、始めより今に迄《いた》るまでに、天皇を佐《たす》けて天下を定めたまう。毎《つね》に侍執《じしつ》の際に、輙《すなわち》ち言《のたま》うこと、政事に及《いた》し、毘補《ひほ》したまう所多し。

（鸕野が皇后になられた。皇后は最初から天皇を補佐して天下を治めてこられた。天皇の執務のさいにはつねに助言され、天皇の政治を助けてこられた）

詳しくは後述するが、鸕野がすぐれた政治的才覚の持ち主であったことをうかがわせる。並みの女性ではない。ちなみに後者の「始めより今に迄るまで」という記述を、壬申の乱の当初から今に至るまでと理解するのが通説であるが、わたくしは「始めより」を大海人皇子の吉野隠棲以来のことと考える。そのときすでに鸕野との間で近江朝廷の打倒が計画されていたからである（一一一頁）。

吉野に入り捲土重来《けんどちょうらい》を期したのも、挙兵に踏み切ったのも、すべて鸕野との間で重ねられた緻密な作戦、練られた計画にそって実行されたものと判断する。後、死期を悟った天武天皇が群臣たちに、天下のことはすべて皇后（鸕野）に申せと命じたのは、鸕野の政治力を誰よりも熟知していたからである。

鸕野の決断

こうした鸕野の政治的才覚、嗅覚《きゅうかく》を考えると、壬申年の挙兵にさいして天皇（大海人皇子）と「与（共）に謀を定む」という前者の記載は、乱の経緯を考えるうえで非常に重要である。すなわち大海人軍の戦術は鸕野との策謀によって進められたというのであるが、この記述はとくに鸕野が桑名に留まり後方支援を進めたことを強調したものと考える。大げさにいえば、この二面作戦（前線基地と兵站地）が勝利を導いたことは間違いなく、それはひとえに草壁皇子を守るために、鸕野によって打ち出された戦略だったと思われるからである。

桑名に至るまでの戦況は、大海人軍にとって決して優勢に展開していたわけではなく、不破での決戦は大海人軍の勝敗を賭けた重大な戦いであった。大軍を擁したのはそのためで、勝利するには何としても兵站地が必要であった。先の『日本書紀』によれば、二面作戦から兵士の分配、配置にいたるまで鸕野の助言を得てのものだったというが、大事なのは桑名に滞留するという鸕野の決断である。それは、鸕野の強い意志と覚悟があったればこそ成り立つ作戦であり、それを決断させたのは、草壁皇子に対する愛情につきる。

吉野隠棲以来、鸕野の周辺はつねに危険にさらされていた。その吉野を脱出した今、生死を賭けた戦いが目前に迫っていた。危険のなかで草壁皇子に寄り添ってきた鸕野は、万が一大海人皇子が敗れたとしても草壁皇子の命をつなぎとめ、大海人皇子の後継者として再起させたいと決意したものと推測する。鸕野を桑名に留まらせたのは、草壁皇子に対する愛情が不安を打ち消して余りあるほどに優っていたからだと思う。桑名滞留を提案したのが鸕野であったと推測する理由である。

鸕野にとって、この伊勢（迹太川から桑名）で過ごした日々が生涯忘れがたい印象を与えたことは間違いない。天武天皇が亡くなって七年後（持統天皇七年）、その命日の法事の夜、鸕野の夢に現れた亡き夫は伊勢の海を闊歩《かっぽ》する姿であったというが（『万葉集』巻二―一六二）、天武天皇の雄姿については後にもう一度想起しよう。

草壁皇子を跡継ぎに

鸕野が大海人皇子と離れて桑名に留まったことの意味について、これまでまったく関心がもたれず、その間幼子らと過ごした鸕野の生活に、誰もいっさい思いを馳せることはなかった。しかし鸕野の生涯を振り返ると、桑名で過ごした日々や時々の印象こそが、壬申の乱後における考え方や行動の規範になったとしか思えない。とくに桑名での生活を通して、わが子草壁皇子を大海人皇子の後継者に仕立てたいとの思いを強くしていったことは重大である。

大海人皇子が不破から凱旋《がいせん》するまでの七十日余り、鸕野は草壁皇子や大津皇子、忍壁皇子の三人の幼子と過ごした。忍壁皇子とは大津宮を離れて吉野へ入ったときから行動をともにしていたが、大津皇子と身近に生活するのはこの桑名がはじめてであった。大津皇子は父大海人皇子が吉野に入ったあとも、異母兄の高市皇子とともに大津宮に残っていたからである。草壁皇子より一歳下とはいえ体格から器量まで、すべてにおいて優っていた。凡庸な草壁皇子に対して、少年ながら立ち居振る舞いまでが際立っていたのである。祖父天智天皇に可愛がられていたともいう。母親としては口惜しい限りであったろう。大津皇子を妬《ねた》ましく思ういっぽう、草壁皇子だけを偏愛するようになっていったとしても不思議はない。草壁皇子を後継者にしたいという自身の血脈に対する鸕野の執念は、このときから芽生えたといってよい。

ただし、大津皇子の持つ抜群の器量やそれに対する鸕野の嫉妬《しっと》心に大海人皇子が腐心するのは、もう少し後のことである。その結果、大海人皇子は草壁皇子と大津皇子との立場を峻別《しゅんべつ》するが、ここではそのことを指摘するだけにしておこう。

鸕野の動静

さて、大海人皇子が鸕野を桑名に残して不破へ向かったのが六月二十七日、その日野上《のがみ》（関ケ《せきが》原《はら》の東部）で高市皇子の出迎えを受けた大海人皇子が、近江朝には知略に長《た》けた大臣らがいるのに自分には幼い子どもがいるだけだと嘆いたのに対して、私が兵士を率いて戦います、と高市皇子が力強く答えたことは、『日本書紀』に記す話である。大海人皇子の本音であったのか、高市皇子を鼓舞するためのパフォーマンスだったのか、判断しがたいといわれることが多いが、深謀と周到さを備えた大海人皇子の性格を考えれば、その両方の意味が込められた言葉であったように思われる。

野上に陣取った大海人皇子の軍隊は、このとき数万に膨れあがっていたが、その後一週間ほどは行動を起こすことがなかった。しかし七月二日、ついに動く。高市皇子からの報告を受け、軍兵を分けて倭《やまと》と近江に発遣したのである。近江朝廷軍と区別をするため、目印に衣服の上に赤色をつけさせたのは、このときのことである。さらにその後、倭軍を割いて莿萩野《たらの》に駐屯させるいっぽうで、倉歴道《くらふのみち》を守らせている。伊賀方面の守備にあたらせたのである。倭・近江・伊賀の三方面からの総攻撃が開始されたのである。吉野を脱出（六月二十四日）してから一週間後のことであった。

野上行宮跡　大海人皇子はここを本営として指揮をとった（写真・読売新聞社）

むろん、近江朝廷方も必死であった。『日本書紀』によれば大海人軍は高安城や倉歴で敗走している。しかしその間、近江朝廷軍では内部分裂があって飛鳥古京が陥落（六月二十九日）し、しだいに劣勢となり、ついに瀬田《せた》（勢多《せた》）橋の一戦で総崩れとなった。七月二十二日のことである。

この間桑名に留まっていた鸕野の動静は『日本書紀』には記されず、明らかでないが、注目される記述が持統天皇称制前紀に見える。先に取り上げた史料であるが、もう一度その概略（大意）を記して、詳しく分析してみたい。それは次のような内容である。

ダイジェスト

（鸕野は天智天皇）十年の十月に、出家した大海人皇子（天武天皇）に従って吉野に入り、朝廷からの嫌疑を避けた。そのことは「天智天皇の紀」に記されている。天武天皇元年の夏六月に、天武天皇に従って東国に危難を避け、軍衆に布告して集結させ、「遂《つい》に与《とも》に謀《はかりごと》を定める（共に謀計を定めた）」。そうして命知らずの勇者数万人を分けて、それぞれを要害の地に配置した。秋七月に、美濃の将軍たちと大倭《やまと》の勇将たちが大友皇子を誅殺し、首級を持って不破宮に参上した。

大意のなかに見える、「遂に与《とも》に謀《はかりごと》を定める」との表記は『後漢書《ごかんじょ》』光武帝紀《こうぶていき》（上）から引いたものであるが、鸕野の動静を考えるうえでカギとなる。

たとえば倉本一宏《くらもとかずひろ》氏は、「軍衆に布告して云々」以下の主語を鸕野として、とくに「遂に与に謀《はかりごと》を定める」とあることから壬申の乱を積極的に主導したのは鸕野であったとする。これに対して遠山美都男《とおやまみつお》氏は、この記載は壬申の乱のダイジェストともいうべきもので、鸕野の積極的な関与を示すものではない、あくまでも乱では大海人皇子に従って行動したにすぎないと見る。

史料を冷静に読むと、右の概略からも明らかなように、この記述は壬申の乱のダイジェストであるという遠山説に首肯できる。乱の首謀者が鸕野であったとする根拠には、決してならない。ただ遠山説の難点は、ダイジェストであるならば、吉野に入って朝廷からの嫌疑を避けたことが「天智天皇の紀」にありと記述しているのと同様に、壬申の乱の詳細についても、概略中に「天武天皇の紀」に見えると付記すべきであろう。それを『後漢書』を引いてまで称制前紀に記したのは、引用を通して乱における鸕野の立場や役割を訴えたかったからである。

大海人皇子の〝李通〟

すなわち原典によれば、建国をめざす光武帝（後漢を建国した初代皇帝）が挙兵するきっかけとなったのが李通《りつう》の予言書による説得だったといい、そのことを思い出した光武帝は、「遂に与《とも》に謀《はかりごと》を定め（李通と計画を練り）」武器を買い集めて起兵したと記す。のちに李通は、「雲《うん》台《だい》二十八将」（天下統一に功績のあった二十八人の肖像画を洛陽南宮の雲台に描かせたことによる）と呼ばれる光武帝の功臣に四人が加えられたさい、その一人に選ばれ、「雲台三十二将」と称される。

光武帝は一世紀、わが国の王に「漢委奴国王《かんのわのなのこくおう》」と刻まれた金印を与えた皇帝であるが、その光武帝は李通の予言（書）に触発され、彼とともに計画を練って挙兵したというのである。李通は光武帝の、いわば協力者であり、鸕野が大海人皇子の〝李通〟であったことを、引用を通して訴えようとしたことは明白であろう。その意味では、たんなる壬申の乱のダイジェストではない。

ただし、倉本氏のようにこの記述から鸕野が積極的に乱を主導したというのは、論の飛躍というものである。倉本氏の解釈は、氏には鸕野が草壁皇子を即位させたいとの思いから乱を起こしたという無条件の前提があり、そのうえに立って敷衍《ふえん》されたもので、結論が先にあっての推論であるという点で、理解の方向が逆だといわざるをえない。

わざわざ称制前紀に『後漢書』を引用したのは、戦闘の優位を決定づける募兵が成功し、大軍を戦略的に配置できたことが勝因であることをダイジェストするとともに、そこには鸕野の力添え、とくに乱の勝敗を決した二面作戦における関与が少なくなかったことを銘記するためであったと考える。想起したいのが、乙巳の変にさいして中大兄皇子に味方した蘇我倉山田石川麻呂についても、奈良時代の記述になるが、「遂に共に策《はかりごと》を定む」(「家伝」)としていることである。事件における石川麻呂の協力を強調したものであり、鸕野の場合も同様に、勝利はそのサポートを得てのものであったとの主張と見てよい。決して、乱の主役が鸕野ということを意味したものではない。

このことに関連するのが、同じく称制前紀に記す次の記述である。

始めより今に至るまで

(天武天皇)二年に、皇后に立てられた。「皇后、始めより今に迄《いた》るまでに、天皇を佐《たす》けて天下を定めたまう（皇后は終始天皇を助けて天下を治めてきた）」。「毎《つね》に侍執《じしつ》の際に、輙《すなわ》ち言《のたま》うこと、政事に及《いた》し、毘補《ひほ》したまう所多し（天皇の執務のさいにはつねにそばに侍《はべ》って政事に言及し、天皇を補佐することが多かった）」。

記載のうち、後半部も『後漢書』（皇后紀・明徳馬《めいとくば》皇后紀）の引用である。原典では、「毎に侍執の際に輙《すなわ》ち政事に言及し、毘補《ひほ》する所多きも」と記している。明徳馬は後漢の第二代皇帝明帝《めいてい》の皇后で、明帝はしばしば皇后に相談し、その言を採用することが多かったという。大海人皇子にとっての鸕野も、まさに馬皇后のような存在であったことを述べたものである。

なお、前半部に記す「始めより」との文言については、前述したように、「乱のはじめ」すなわち壬申の乱以来天武天皇を補佐してきたと理解するのが一般的である。後に鸕野（持統）が乱の最初から大海人皇子に従った多臣品治《おおのおみほむじ》を褒賞するにあたって、「元《はじ》めより従いたてまつれる功と堅く関を守れる事」（持統天皇十年八月二十五日）とその理由を述べているからである。品治は美濃国安八磨《あはちま》郡の湯沐令《ゆのうながし》（東宮直轄地の管理者）の立場にあり、大海人皇子の誘いで挙兵し乱の最初から従っていた。しかし、この品治と鸕野とでは立場がまったく違う。なるほど、品治は乱のはじめから大海人皇子側についたが、鸕野は吉野入り以来、大海人皇子に従っている。「はじめ」の意味するところが違うのである。

称制前紀にいう「皇后、始めより」というのは、吉野入りから今日に至るまで、ずっと天武天皇を助けてきたと理解すべきである。繰り返すことになるが、そうしたなかでも最大の危機

瀬田唐橋　近江朝廷軍と大海人皇子軍とが橋を挟んで対峙、激戦の末、大津宮は陥落した

であった桑名での後方支援策、いわば天武天皇と鸕野との共同作戦が勝敗を決したというのが、「称制前紀」にわざわざ記載された理由であると、わたくしは考える。

そこで想起したいのが、吉野に入った大海人皇子を世間の人が、虎に翼をつけて放ったようなものだと噂したという話である。誰の目にも、やがて事変が起こることは予感されたのであろうが、大海人皇子の補佐が吉野入りから始まっていたとすれば、すで述べたように、「虎（大海人皇子）」についた「翼」というのは、間違いなく鸕野を示していると理解されるのである。

首実検

倭・近江・伊賀の三方面からの総攻撃を開始した作戦が功を奏し、近江朝廷軍はしだいに北に敗走、七月二十二日、ついに大海人軍は近江の瀬田橋で近江軍と対峙《たいじ》する。瀬田橋は近江朝廷にとっての最後の砦《とりで》であり、すべてはこの一戦にかかっていた。

そして激戦の末、大津宮は陥落、左・右大臣らは命からがら逃げた。大友皇子も山前《やまさき》に遁《のが》れたが、ここで自ら首をくくって亡くなっている。二十三日のこと、時に大友皇子は二十五歳で

不破の関の自害峰　大友皇子が眠る三本杉

あった。山前の地については諸説あるが、大山崎町（京都府乙訓郡）との見方が強い。

三日後の二十六日、不破に陣取っていた大海人皇子のもとに、大友皇子の首が届けられた。

戦いは終わった。吉野脱出からわずか一ヵ月であった。

ちなみに、不破関資料館の近くに「自害峰《じがいみね》」と呼ばれる小高い丘がある。大友皇子は首実検されたあと、地元の人びとによってここに葬られ、目印として三本杉が植えられたと伝えられている。明治年間、宮内庁によって大友皇子の陵墓候補地に認定されているが、大友皇子にまつわる伝説は千葉県・愛知県などにも見られる。真偽のほどは定かでないが、二十五歳という若さで亡くなった大友皇子に対する人びとの憐《あわ》れみが、こうした伝承を生み出したのであろう。

戦後処理

それはともかく、その後、戦後処理に取りかかった大海人皇子は八月二十五日、右大臣中臣金ら八人を死罪に処した。近江朝の五人の重臣のうち蘇我果安はすでに戦死していたが、死罪となったのはこの金だけで、左大臣蘇我赤兄と御史大夫巨勢人は流罪、御史大夫紀大人以下それ以外の近江方の者は、すべて赦免されている。大友皇子が自害したとき、一、二人の舎人とともにただ一人付き従っていた物部連麻呂《まろ》にいたっては、赦《ゆる》されたあと遣新羅大使となり、文武朝以降は政治の中枢に携わり、左大臣にまで昇り詰めている。乱の規模に比して断罪者が少なく、比較的寛大な処置をとったのは、大海人方の大義名分をアピールするためであったと考える。乱はあくまでも近江朝廷側から仕掛けられたものであり、近江朝廷（に仕える人物）を敵視しているわけではないことを天下に訴え、理解を得ようとしたのである。

いっぽうで『日本書紀』によれば、乱後これに功績のあった豪族の多くを、「壬申の年の労」（天武天皇二年五月二十九日条）とか「壬申の年の役」（天武天皇三年二月二十八日条）での功労者として冠位や田地を与えている。こうした優遇策はこの後、奈良時代を通して踏襲されていくが、大海人・鸕野にとって壬申の乱が重要な意味を持つものであったことをうかがわせる。

大海人皇子が鸕野の滞留する伊勢桑名に凱旋したのは、九月八日のことである。翌九日、大海人皇子は鸕野らを伴って桑名を出発、その日は鈴鹿《すずか》に泊まり、阿閉《あへ》（十日）、名張《なばり》（十一日）を経て、十二日に飛鳥古京に戻り島宮に入っている。挙兵時に東行したルートを逆行するような道筋をたどっているのは、明らかに大海人皇子のデモンストレーションであった。

ちなみに島宮といえば、見送りにきた近江朝の重臣たちと別れて一夜を過ごしたところ、それはほんの一年足らず前のことであった。

凱旋してその島宮に入った大海人皇子と鸕野の感懐は想像に余りある。三日間滞在したあと、十五日には岡本宮に移っている。

第五章　立后（673年〜）

——仕組まれた？「大津皇子の謀反」

夕焼けの二上山　大津皇子の墓は雄岳《おだけ》（右）山頂にある

	持統関係	年齢	社会情勢
天武2（673）	天武天皇即位 鸕野、立后	29	官人出仕の制度化
天武3（674）	大伯皇女（初代斎王）、伊勢に下向	30	
天武4（675）		31	はじめて竜田祭・広瀬祭
天武5（676）		32	畿外豪族の出仕の制度化
天武7（678）	十市皇女没	34	
天武8（679）	吉野の盟約	35	
天武9（680）	鸕野、体調不良	36	薬師寺建立（発願）
天武10（681）	草壁皇子、立太子	37	律令の編纂開始 帝紀・上古の諸事を定める
天武12（683）	大津皇子、朝政を聴く	39	銅銭の使用を命ず（富本銭）
天武13（684）		40	八色の姓を制定
天武14（685）	天武天皇、体調不良	41	山田寺本尊の開眼供養

一　天下を平らげた天皇と皇后

「後」岡本宮の主

飛鳥古京に凱旋した大海人・鸕野は島宮から岡本宮に入った。大海人皇子の母皇極天皇（重祚して斉明天皇）が宮殿としたところである。飛鳥入りにさいして岡本宮を選んだのは、残っていた建物がそのまま使用できたということがあった。しかしそれ以上に、岡本宮は当時の大海人皇子にとって大事な宮殿であった。というのも大津宮を拠点とする近江朝廷（大友皇子）を破って飛鳥入りを果たした大海人皇子は、自身が斉明（朝）の後継者であることを天下に表明する必要があったからである。それが「岡本宮」の主になることであり、大海人皇子（天武天皇）の出発は、岡本宮でなければいけなかったのである。すべては鸕野との間でなされた政治的判断であったろう。

岡本宮に入った大海人皇子は、宮殿の南に新宮を造営し、その年の冬に移っている。これが天武・持統の宮殿、飛鳥浄御原宮である。ただし飛鳥浄御原宮（『古事記』序では「飛鳥清原大宮」と見える）という宮名は、このときに名づけられたものではない。のち朱鳥元年（六八六）七月、天武天皇の病気平癒を祈願して朱鳥（「アカミトリ」とは上瑞の鳥）と改元されたのと同時に、持統天皇によって命名された佳名である。「飛鳥」という地名に「浄＝清（きよらか）」

との佳字を加えて宮殿名（「御」は敬語の「ミ」）としたもので、病気平癒への強い期待感が込められている。それとともに、わたくしには「浄＝清」との言葉に、天武天皇とともに過ごした吉野の山河、穢《けが》れのない深山幽谷の風景が重ねられていたように思われて仕方がない。

飛鳥浄御原宮の所在地については、飛鳥寺の北方を有力視する意見もあったが、近年の発掘調査によって、かつて「伝飛鳥板葺宮」と呼ばれていた上層に造営されたことが明らかとなっている。

じつは、当該地には三期にわたって宮殿が重なって建てられている。すなわち下層（一期）が大海人皇子の父舒明天皇の岡本宮、中層（二期）が皇極天皇の板葺宮、上層（三期）が斉明天皇の（後）岡本宮で、天武天皇の飛鳥浄御原宮はこの上層、（後）岡本宮の一画に造営されたということである。大海人皇子の両親の地といってもよい。ちなみに『日本書紀』では飛鳥浄御原時代について、「新宮」の西の庁に落雷（天武天皇七年四月十三日条）、「旧宮」の安殿《あんでん》の庭で宴会（天武天皇十四年九月九日条）と書き分けている。新宮は浄御原宮、旧宮が岡本宮をさしているが、天武・持統はそれらを適宜使い分けて使用していたのである。

〝鎌足〟的立場の鸕野皇后

岡本宮に入った翌年（六七三年）二月、大海人皇子はその新宮殿で即位した。天武天皇である。即位と同時に鸕野は皇后に立てられている。時に二十九歳であった。ただし「皇后」とい

天武天皇のキサキと皇子女

キサキの名 （父の名）	皇子・皇女
鸕野讃良皇女 （天智天皇）	**草壁皇子**（妃：阿閇皇女〔元明天皇〕／子：氷高皇女〔元正天皇〕・珂瑠皇子〔文武天皇〕）
大田皇女 （天智天皇）	大伯皇女・**大津皇子**（妃：山辺皇女）
大江皇女 （天智天皇）	**長皇子**・**弓削皇子**
新田部皇女 （天智天皇）	**舎人皇子**（子：大炊王〔淳仁天皇〕）
大蕤娘 （蘇我赤兄）	**穂積皇子**・紀皇女・田形皇女
額田王 （鏡王）	十市皇女（大友皇子の妃／子：葛野王）
尼子娘 （胸形徳善）	**高市皇子**（妃：御名部皇女／子：長屋王・鈴鹿王）
檝媛娘 （宍人臣大麻呂）	**忍壁（刑部）皇子**・**磯城皇子**・泊瀬部皇女・託基皇女
氷上娘 （藤原鎌足）	但馬皇女
五百重娘 （藤原鎌足）	**新田部皇子**（子：塩焼王・道祖王）

太字は皇子／「吉野の盟約」に赴いた者に下線を付した

う称号が明文化されるのは大宝《たいほう》令《りょう》においてであり、鸕野の時代、この称号が定着していたわけではない。『日本書紀』において、初代の神武《じんむ》天皇以後、すべての天皇の正妃（正妻）に対して「皇后」と称したことから、鸕野にも当てられた呼称である。

天武天皇には十人のキサキがおり、その間に十人の男子と七人の女子を儲けていた（一覧表）。天智天皇の娘が四人入っているが、このうち大田皇女はすでに亡くなっていたから、年齢、出自からいって、また近江脱出以来大海人皇子に従ったただ一人のキサキとして、鸕野が正妃（皇后）となるべき立場にあったことはいうまでもない。

皇后となった鸕野について『日本書紀』に、「始めより今に迄《いた》るまでに、天皇（天武）を佐《たす》けて天下を定めたまう。毎《つね》に侍執《じしつ》の際に、輙《すなわ》ち言《のたま》うこと、政事に及《いた》し、毘補《ひほ》したまう所多し」と記され、ここにいう「始めより」というのが近江朝を脱出して以来の鸕野の補佐を意味すること、天武朝はこの鸕野との、いわば「共治」によって実現したこと、などについては前述した（一四一頁）。

ちなみに、天武朝では左・右の大臣をはじめ御史大夫（天智朝末年に置かれた）など朝廷首脳部をいっさい任命しなかった。天武と鸕野の「共治体制」であり、二人によって朝廷が領導されたのである。その意味で鸕野は天智朝における鎌足的存在であったといってよい。

天武天皇は、この〝鎌足〟の再来ともいうべき鸕野の補佐を得て強力なリーダーシップを発揮し、中央集権体制の確立と天皇専制体制の実現をめざすが、基本的には大化改新によって打ち出された方針を踏襲することになる。

勝ち取った「天皇」の座

鸕野が皇后に立てられて数ヵ月後、新羅使が筑紫に到着している。天智天皇の奉弔と天武天皇即位の祝賀の使者である。このとき耽羅《たんら》（済州島《さいしゅうとう》）の朝貢使も一緒に到着したが、入京を認められたのは祝賀使だけであった。「天皇、新《あらた》に天下を平《む》けて、初めて即位す（天皇は新たに天下を平定して、ようやく即位されたのである）」といい、そのために祝賀の使者以外はお召しにならないと役人に述べさせ、耽羅の使者を筑紫から帰国させている。

天武天皇は、天智天皇の皇太弟としてではなく、武力で天下を平定して即位し、新体制を樹立したのだということを、対外的に強調したものと思われる。

壬申の乱によって勝ち取った「天皇」の座であり、近江朝の後継者ではないという天武天皇の宣言だった。

宮廷への出仕法

スタートにあたって天武天皇が最初に着手したのが、官人登用の制度化である。『日本書紀』によれば即位の三ヵ月後、天武天皇二年（六七三）五月、畿内の豪族に対して、はじめて勤務する者はまず大舎人《おおとねり》に任じて仕えさせ、その後は才能に応じてふさわしい官職に就かせよ、と命じている。舎人といえば近江朝廷方の動静を大海人皇子に報告した朴井連《えのいのむらじ》雄君《おきみ》が想起される。天皇・皇族に近侍し護衛や身辺雑事に従事するのが舎人であるが、それよりは身分・才能あるものを大舎人として採用したのであろう。

さらに三年後（同五年）の四月には、地方豪族や農民に対しても、朝廷に勤務しようと思う者は受け入れよ、また庶民でも才能のある者は勤務させよ、と定めている。ちなみに前者では、女性の宮廷出仕を推進し、夫の有無、長幼にかかわらず勤務したいと思う者は受け入れよと、適用を拡《ひろ》げている。

二度にわたって出されたこの出仕（出勤）制度は、畿内および畿外（地方）に対して宮廷勤務の希望者を募ったものである。それは、中央・地方の豪族を掌握し中央集権体制を推進するための不可欠の措置であった。

なお、この出仕法と関連するのが天武天皇十二年（六八三）十二月に出された詔で、文武官人及び畿内の有位者に対して、四季の初めの月（一月・四月・七月・十月）の宮廷への出勤を命じている。

すなわち一年に四ヵ月（百二十日）の宮廷出仕を義務づけたもので、これが勤務評価の拠り所とされた。評価の日数が一年の三分の一（百二十日）というのは、今日的な感覚からすれば奇異に思われるが、当時はこの程度の出勤で十分だったのであろう。しかしそれでも、畿内・畿外の本拠地に生活基盤を置く豪族たちにとって、出仕するためにはその期間、「ミヤコ（飛鳥）」近辺に居住していなければ不可能であった。出仕法は豪族たちの飛鳥への移住を促すための措置であり、中央集権体制の確立に向けての施策であったことはいうまでもない。

そしてこのことは、豪族たちを受け入れる「ミヤコ」の規模の拡大と整備が必要とされた。それが持統天皇によって実現された藤原京《ふじわらきょう》遷都であるが、詳しくはその折りに述べることにしたい。

政の要は軍事なり

大規模な争乱を勝ち抜いて即位した天武天皇が、ついで力を注いだのは軍事力の強化である。天武天皇四年（六七五）、兵政官《ひょうせいかん》（のちの兵部省《ひょうぶしょう》）を整備し、諸王以下全官人に対して武器を備えることを命じたのをはじめ、翌五年には京・畿内の各人の武器所有の点検、八年には親王以下官人たちに武器・馬の貯備を命じ、九年には文武官人の武装化を進めている。そうしたうえで十三年閏四月、「凡《およ》そ政の要《かなめ》は、軍事なり（およそ治政の要は軍事である）」との詔を下し、文官・武官に対して兵仗《ひょうじょう》と乗馬の点検、修練を命じている。違反者や未熟者は処罰するとまで厳命している。

出仕法にせよ、こうした軍事力の強化にせよ、ブレーンのいなかった天武天皇に進言しえたのは、むろん皇后鸕野であったろう。なかでも「政事の要は軍事なり」という軍制強化の詔は、武力で天下を勝ち取った二人の経験に基づくもので、それは、女子の乗馬について男子と同じ乗り方にする（鞍にまたがる）と定めるなど、徹底して進められている（十一年四月）。もっとも、それがこのとき緩和され、縦向きでも横向きでもよいとされているのは、その頃ようやく治政が安定してきたことを示している。

天武天皇は地方の兵士の統制にも乗り出している。天武天皇十四年、大角《はら》（ホラ貝）・小角《くだ》（角笛）や弩《おおゆみ》（大弓）・抛《いしはじき》（石をはじき飛ばす仕掛け）などの戦闘用具を没収し、郡の役所に置くことを命じているのがそれである。

中央集権の完成のためには、こうした支配権の統制強化が必須《ひっす》であり、天武朝の政治的特質となっていく。

初代斎王の派遣

中央集権体制を推進するために、即位後の天武天皇が早々に着手したことがもう一つある。神祇祭祀《じんぎさいし》の整備である。即位の二ヵ月後、天武天皇二年（六七三）四月、娘の大伯皇女を泊瀬《はつせ》の斎宮《いつきのみや》に住まわせている。伊勢の天照大神宮《あまてらすおおみかみのみや》に仕えさせるためであった。『日本書紀』によれば、そこは「先《ま》ず身を潔《さや》めて、稍《やや》に神に近《ちかつ》く所（まず潔斎して、しだいに神に近づくための場所）」とあり、大伯皇女は伊勢に下向するまでの間、そこで潔斎の日々を送っている。

大伯皇女の伊勢派遣については壬申の乱（六七二年）のさなか、天武天皇（大海人皇子）が朝明郡の迹太川で「天照太神」を「望拝」したことを想起したい。大海人皇子が拝礼したのは天照大神でも、伊勢神宮だったのでもない。突如として雲間から顔を出した太陽に、思わず拝礼したのであった（一二四頁）。

前述したように、当時伊勢神宮がどの程度整備されていたのか、祭神が天照大神であったのかどうかも、分からない。ただ、東に海を控える伊勢の地が早くから太陽信仰との結びつきを強めていたことは間違いない。そこで乱に勝利した天武天皇は、これをきっかけに日神（太陽神）を天照大神に重ねてそれを伊勢神宮の祭神とし、社殿の整備に着手するいっぽう、「国家

小夫天神社（上）と化粧壺（桜井市上之郷）　大伯皇女はこの小さな滝壺で身を清めたと伝える

の祖先神」「国家の宗廟《そうびょう》（天皇家の氏神）」として諸神の最高神に位置づけたものと推測される。

斎王は天皇の御杖代《みつえしろ》として、天皇にかわって派遣されることになったのである。初代斎王に選ばれた大伯皇女は亡き大田皇女の娘、鸕野にとっては姪《めい》にあたる。このとき十三歳であった。

ちなみに泊瀬（川）の奥深く、奈良県桜《さくら》井《い》市上之郷《かみのごう》地区に、小夫《おおぶ》天神社が鎮座している。大伯皇女が幼い身を潔斎した宮跡といい、いまは大伯皇女自身も祭神の一座として祀られている。付近を流れる小川に小さな滝壺《たきつぼ》があり、大伯皇女が身を清めたところと伝える。その名も「化粧壺」というが、近づくほどに、今にも幼い少女が姿を現してきそうな、そんな幻想にと

天皇	斎王
崇神	豊鍬入《とよすきいり》姫命
垂仁	倭《やまと》姫命
景行	五百野《いおの》皇女
雄略	栲幡《たくはた》皇女
継体	荳角《ささげ》皇女
欽明	磐隈《いわくま》皇女
敏達	菟道《うじ》皇女
用明	酢香手《すかて》姫皇女

大伯皇女以前の斎王（『日本書紀』。伝承を含めて、父である天皇の即位後、伊勢に下向したと見える）

らわれる。大伯皇女が一年半の潔斎を終えて伊勢に向かったのは、翌年十月であった。

これ以前、同種の斎王や王女がいなかったわけではないが、制度的にはこの大伯皇女をもって最初とする。以後、消長はあるものの十四世紀、後醍醐《ごだいご》皇女の祥子《さちこ》内親王に至るまで六百有余年、その歴史を刻むことになる。

それはさておき、伊勢の地は朝廷の東国経営の拠点であり、したがって伊勢神宮の国家的整備は東国地方の安定化をはかり、地方民を掌握するうえで不可欠の措置であった。即位後の天武天皇が神宮整備に力を注いだ理由である。

竜田祭・広瀬祭

もっとも天武天皇の神祇政策は伊勢神宮だけにとどまらず、全国の主だった神社の修理にも着手している。そうしたなかで留意されるのは、天武天皇四年（六七五）にはじめて祀らせた竜田《たつた》社の風神と、広瀬《ひろせ》社の大忌神《おおいみのかみ》（ともに大和国）である。それぞれ大和平野の風の通り道とされる立野《たつの》、大和盆地の川の合流点となる河曲《かわわ》にあり、竜田社は風の神、広瀬社は水の神として古くから信仰されてきた。豊かな川の水を得るとともに、風水害を避けるその祀りは五穀豊《ほう》穣《じょう》の収穫祈願であるが、それを国家的祭祀として実施したのであった。そして以後、両社には役人が派遣され、祭祀は毎年行われるようになる。民心を掌握するのに、これほど効果的な行事儀礼も数少ないのではなかろうか。

民心といえばこの年正月三日、宮廷所用の薪を官人たちが持ち寄り、四日後、宮中で宴会（とよのあかり）が催されている。持ち寄った薪を「みかまき」といい、その薪に照らし出されたなかで酒宴が催されたのであった。天武天皇によって始められた行事で、以後これも制度化され、恒例の行事（正月七日《なぬか》の節会《せちえ》）となっていく。

竜田・広瀬の両社の祭祀といい、薪の貢進と後の宴会といい、それらの行事には人びとの心情を吸い上げ、一体感を創り出す意図があったように思う。壬申の乱を勝ち抜いて即位した天武天皇が、中央集権体制を推進するための、これもまた巧妙な施策であった。

天皇が神とともに新穀を食する新嘗祭《にいなめさい》のうち、即位後はじめて行う一代一度の大祭が大嘗祭《だいじょうさい》であるが、天武天皇が大嘗祭を制度化したのも同様で、諸国から悠紀《ゆき》・主基《すき》の二国を定めて新穀を献上させ、これも国家的祭祀として編成したのである。

こうした神祇対策をはじめ、民心に対する配慮といったものは、天智朝においてはほとんど見られなかった。対外関係に苦慮し、その対応に終始せざるをえなかった天智朝との違いである。壬申の乱の社会的意味の大きさを示すとともに、人心掌握に長けた天武天皇と鸕野の政治的才覚にあらためて驚嘆する。

仏教の保護

なお、天武天皇は仏教に対しても保護・奨励策を推進している。即位の年十二月、造寺司《ぞうじし》を任命して百済《くだら》大寺を高市の地に移建している（高市大寺）。百済大寺は天武天皇の父舒明天皇が建立を始めたわが国最初の官寺《かんじ》（国立寺院）で、近年の発掘調査によって吉備池廃寺《きびいけはいじ》（桜井市吉備）であることが明らかになっている。移建したこの年は、舒明天皇（六四一年没）の三十三回忌にあたるだけでなく、天武天皇の母斉明天皇（六六一年没）の十三回忌の年でもあった。二人は鸕野にとっても祖父母にあたる。

さらに四年後、天武天皇はこの高市大寺を大官大寺《だいかんだいじ》と改称している。文字通り官、い、の大寺との意味で、こんにち奈良市にある大安寺《だいあんじ》は、この大官大寺が平城遷都にさいして移されたものである。

天武天皇は、かつて讒言によって自害に追い込まれた蘇我倉山田石川麻呂が造営した山田寺の再建にも着手している。壬申の乱の翌年（六七三年）のことで（柱礎に「浄土寺《じょうどじ》」と刻まれている）、ついで丈六仏の鋳造に取りかかり、天武天皇十四年（六八五）三月二十五日に開眼供養が行われた（『上宮聖徳法王帝説』裏書）。『日本書紀』によれば、この年八月、天皇自らが浄土寺（山田寺）に行幸している。皇后鸕野の名は見えないが、同行したものと思われる。いうまでもなく石川麻呂は鸕野の祖父であった。

三月二十五日は石川麻呂の命日というだけでなく、この年は自害から三十六年、すなわち三十七回忌に当たる。その祥月命日に開眼供養が行われたのは、むろん当初からの予定であり、本尊丈六仏は石川麻呂の鎮魂・追善供養として安置されたものである。鸕野にとっては、長らく耐えてきた重圧から解き放たれた日でもあった。

こんにち興福寺《こうふくじ》に安置されている「仏頭」がそれ（本尊の頭部）であるが、興福寺に移された経緯などについて、本書では詳しくは述べない。

なお、造寺（造仏）とともに天武天皇は朝廷による写経にも力を入れており、その意味では国家仏教の基礎がこの時代に成立したといってよい。

興福寺仏頭（写真・飛鳥園）

二　草壁皇子と大津皇子

後継者問題

天武天皇と鸕野によって、天皇を中心とする中央集権体制がほぼ整えられたというのが、これまでに述べてきたことである。古代国家の基盤が形成されたといってもよい。そこで、次に問題となるのは天武天皇の後継者である。これについては天武天皇が慎重であったのに比して、鸕野の願いはただ一つ、わが子草壁皇子を皇位継承者に仕立てることであった。壬申の乱のさなか、桑名で大津皇子と生活をともにしたことをきっかけに、草壁皇子への偏愛が増幅していったことは先に述べたが、反対に天武天皇のほうは、大津皇子の扱いに苦慮する余り、慎重にならざるをえなかったと考える。

天武天皇には皇子が十人いた（一五一頁の表参照）。長子は十九歳で壬申の乱に加わり勝利に導いた高市皇子である。しかし母が地方豪族の胸形君《むなかたのきみ》の出自であるから、高市皇子が皇位に即《つ》くことは、まずありえない。当時の慣習では卑姓の家柄を嫌う傾向にあった。

第二子が草壁皇子である。大津皇子は一歳下の第三子、母は鸕野の同母姉である大田皇女であった。先に伊勢へ下向した斎王大伯皇女は、この大津皇子の姉である。大津皇子は母の出自において草壁皇子と優劣はないが、母の大田皇女が壬申の乱以前に亡くなっている（七四頁）。このことは、皇子が立太子するうえでの決定的なマイナス要因であった。立太子の場合生母が皇后であり、そのうえ健在であることが断然有利だった。皇后（鸕野）腹の唯一の皇子である草壁皇子が天武天皇の後継者であることは、衆目の一致するところであった。

だが、草壁皇子の立太子に何の障害もなかったというわけではない。草壁皇子が凡庸であったのに比して、弟大津皇子の器量・才幹が抜群で、大津皇子に心を寄せる者が少なくなかったからである。

天武天皇の苦悩

『懐風藻』（「大津皇子伝」）によれば、大津皇子は身体・風貌が逞しく、自由奔放な性格で規則にとらわれず、幼い頃から文武両道に秀でていたという。『日本書紀』にも、立ち居振る舞いは際立ち、言辞は明晰《めいせき》で、母方の祖父天智天皇に寵愛されていたと見える。とくに文学が良くできたといい、「詩賦《しふ》の興《おこ》るは、大津より始まれり（詩賦の興隆は、大津皇子から始まった）」（持統称制前紀）と記されることは、『万葉集』に収めるその歌などからもうかがえる。衆望の集まらないはずはない。父天武天皇にとっても鼻高々の息子であったに違いない。

これに対して草壁皇子のほうは、その資質を物語るものがほとんどない。『万葉集』（巻二─一一〇）に収める歌から、わずかに垣間見《かいまみ》ることができるぐらいである。というのは、石川《いしかわの》女郎《いらつめ》（大名児《おおなこ》とも）に想いを寄せていた草壁・大津の二人の皇子は、ともに女郎に歌を贈っているが、女郎が返歌したのは大津皇子だけで、草壁皇子には贈った形跡がない。歌の出来映えはともかく、女郎にとって草壁皇子は魅力ある男性ではなかったようだ。いわれるように、凡庸でおとなしい性格であり、身体も丈夫ではなかったのであろう。

それはともかく、こうしてみると草壁皇子を立太子することに不都合はなかったにしても、器量の点で大津皇子に劣っていたことは間違いない。政治的資質は、為政者たる者に不可欠の要件であった。天武天皇が苦悩したのも無理はない。それだけに草壁皇子の立太子には、その立場を確固たるものにしておくことが必要であった。それが「吉野の盟約」であった。

吉野の盟約

天武天皇八年（六七九）五月、天武天皇は皇后鸕野をはじめ草壁・大津・高市・川島《かわしま》・忍壁・施基《しき》の六人の皇子を伴い、吉野宮に行幸している。吉野（宮）はかつて壬申の乱にさいし、天武・鸕野がここで挙兵した出発点であり、二人にとっての原点だった。

行幸の翌日（五月六日）、天武天皇はその地で皇后と六人の皇子を前に、「自分は今日、お前たちとともにここで盟約を結び、千年の後まで争いごとの起こらないようにしたいと思うが、どうか」と言った。皇子たちはみな、「道理はもっともなことです」と答えている。そしてまず草壁皇子が進み出て、それぞれ異腹の兄弟であっても天皇の勅に従い、互いに助け合っていくことを誓い、「この盟約に背いたなら命を失い、子孫も絶えるでしょう、決して忘れず過ちは犯しません」と述べている。ついで他の五人の皇子も誓いの言葉を述べている。そこで天武天皇は、「朕《わ》が男等《こども》、各《おのおの》異腹《ことはら》にして生れたり。然《しか》れども今、一母同産《ひとつおもはらから》の如《ごと》くに慈《めぐ》まん（我が子どもたちはそれぞれ異なった母から生まれたが、これからは同母兄弟のように慈しもう）」と言い、胸元を開いて六皇子を抱きしめ、「もしこの盟《ちかい》に違《たが》わば、たちまちに朕が身を亡《うしな》わん（もし私がこの盟約に背いたならば、即座に我が身は滅びるであろう）」と言った。そして皇后もまた同じように誓盟している。

行幸に従った六皇子のうち、草壁・大津・高市・忍壁の四人が天武天皇の皇子で、川島（河《かわ》嶋《しま》)・施基(芝基《しき》・志貴《しき》・志紀とも)の二人は天智天皇の子どもである。天武天皇の諸皇子のうち四人だけを従えたのは、残りの六人が幼かったからである。また天智天皇の皇子のうち、当時存命していたのはこの二人と考えられる。六皇子はすべて母が異なる、異腹の兄弟・異腹の従兄《いとこ》であった。川島皇子は二十三歳、高市皇子は二十六歳、草壁皇子は十八歳、大津皇子は十七歳であった。忍壁皇子と施基皇子は十歳前後であったろうか。

これが「吉野の盟約」と呼ばれるものである。この盟約に込めた天武・鸕野の真意は、いうまでもなく嫡子草壁皇子の立場(後継者)を明確にし、異腹の皇子たちの結束を促すためであった。草壁皇子が凡庸であり、それに比して弟大津皇子の才覚が抜群だったからである。天武天皇らが飛鳥浄御原宮に帰ったのは翌七日であり、吉野へは盟約のためだけに出かけたことは明らかである。この行幸に込めた思いの深さがしのばれる。

卑母を敬うことなかれ

この行幸が用意周到に運ばれたことは、行幸に先立つ数ヵ月前に下された詔や、天武天皇の行動からもうかがえる。

この年正月、元日の節会における拝賀の礼を規定した詔が下されている。そのなかで、「諸王は、母と雖《いえど》も、王の姓に非《あら》ずは拝むこと莫《なか》れ(諸王は、母であっても王の姓でなければ礼拝してはいけない)」とし、諸臣に対しても、自分より身分の低い母を礼拝してはならないと命じ、また、これは正月の節会に限るものではなく、違反者に対しては適宜処罰をするとまで厳命している。卑母所生である大友皇子には皇位継承者としての資格がないことを強調し、斉明天皇の皇子である天武天皇の正統性をあらためて表明したものである。また、それによって天武天皇の皇子十人についての序列化がはかられていることも留意される。むろん、トップは草壁皇子であり、皇位継承者としての草壁皇子の立場を際立たせるものであった。

これに関連してもう一つ留意されるのが、詔から二ヵ月後の三月、天武天皇が斉明天皇陵（後岡本天皇陵）に参拝していることである。吉野での盟約を行うための事前奉告であった。壬申の乱に勝利し飛鳥に凱旋した天武天皇が、斉明天皇の宮殿（「後」岡本宮）に入り、それによって斉明天皇の継承者であると表明したことが想起されよう。天武天皇の原点は吉野の地と、そして母である斉明女帝であったのだ。

天武天皇の誓い

盟約は天武天皇と鸕野、とくに草壁皇子を溺愛する鸕野にとっては、深い意味を持つ手続きだった。しかしこの儀式には、天武天皇自身にとっても重要な意味が込められていたのである。

あらためて述べるまでもなく、天武天皇はかつて出家し吉野に隠棲している。いったんは皇位継承者の資格を捨てた身であるにもかかわらず、天智天皇の子大友皇子を倒して即位した。天武天皇は、端的にいって簒奪者なのである。いうまでもなく、そのことは天武天皇と鸕野自身が強く、深く自覚していたが、天武天皇に対しては諸皇子、なかでも天智天皇の皇子らが簒奪者意識を抱いていたとしても不思議はない。大友皇子の兄弟たちである。この盟約に天智天皇の皇子たちが加えられ、天武天皇の子として扱われていたのもそのためである。天智天皇の皇子たちに草壁皇子の皇位継承を認めさせることは、その父である天武天皇の立場、すなわち天武天皇の正統性を確認させる儀式でもあったのだ。近江朝廷（天智天皇→大友皇子）の否定であり、いってみれば簒奪者天武天皇は、この儀式によってその汚名を消し去ることができたのである。

なお、吉野の盟約でもう一つ奇異に思うのは、天武天皇が諸皇子たちに誓いを立てさせたあと、「盟約に背いたならば我が身は滅びるであろう」と、自身も誓約し、それを鸕野にも誓わせていることである。このような場合、約束に違反すれば破滅するのは皇子たちであるのは当然だが、天武天皇や鸕野も破滅するとしているのは異例である。それだけ、盟約に込めた天武・鸕野の想いの深刻さがうかがえる。

吉野をよく見よ

あらためて述べるまでもなく、天武天皇がもっとも恐れたのは大津皇子が草壁皇子のライバルとなることであった。第二の〝壬申の乱〟の勃発である。一歩間違えば政敵となる大津皇子の立場の危険性を、天武・鸕野は知っていた。天武天皇自身が異例の誓いを立てたのは、そうすることで、とくに大津皇子に対して暗に自制を求めたものと考える。そして、この盟約はそのまま鸕野にも自重を促す役割を果たしたはずである。

しかし、天武天皇の想いは通じなかった。やがて鸕野はそれを破ることになる。そういえば乙巳の変後に結束を誓い合った「樹下の誓約」（二九頁）も、孝徳天皇が疎まれて破られた。結局は破られるのが、「誓約」の宿命といえるのかもしれない。

ちなみに『万葉集』（巻一―二七）に、このとき吉野で天武天皇が詠んだという歌が収められている。

よき人の　よしとよく見て　よしと言ひし　吉野よく見よ　よき人よく見
（昔のよい人〔天武天皇と皇后鸕野をさす〕が、よいところだとよく見て、よいと言った吉野を、よく見よ、今のよい人〔六人の皇子たち〕、よく見よ）

吉野を讃美《さんび》し、皇子たちに吉野を今後もよく見よと強調した歌である。天武天皇にとって、吉野の地がいかに大事な存在であったかを物語っている。それは鸕野にとっても同様であった。こののち鸕野が、異常なほどに吉野を訪れていることからも知られる（二一一頁）。盟約は、まさに吉野でなければ意味がなかったのである。

三　天武天皇の死

草壁皇子、皇太子となる

吉野の盟約から中一年をおいた天武天皇十年（六八一）二月、二十歳になった草壁皇子が皇太子に立てられている。『日本書紀』によれば、この日天武天皇と皇后鸕野がともに大極殿《だいごくでん》に出御し、親王以下諸臣を召集した。ちなみにこの記事が大極殿の初見である。大極殿は即位をはじめとする国家儀礼の場であり、古代王権の象徴ともいうべき建物である。壬申の乱後さまざまな制度化や儀礼化を推し進めてきた天武朝において、大極殿が出現したのは後述するように理由あってのことであり（一九四頁）、その意味は大きい。

大極殿に出御した天武天皇は律令（飛鳥浄御原律令《あすかきよみはらりつりょう》）の制定に着手することを宣言したあと、草壁皇子の立太子を発表し、「万機を摂《ふさねおさ》めしめたまう（国政を執り行わせる）」と詔している。天武天皇は翌三月にも大極殿に出御して、諸皇子らに「帝紀及び上古の諸事（史書）」の編纂を命じ、即日着手させている。

草壁皇子の立太子を機に二つの大事業（律令の制定と正史の編纂）が開始されている。それらは国家の体制づくりをめざす天武朝の政策基調であり、立太子行事の一環として実施されたことは明白である。皇太子草壁の立場を権威づけるためであり、これによって草壁皇子は、名実ともに天武天皇の後継者として位置づけられたのである。

大津皇子、朝政を聴く

ところが草壁皇子の立太子から二年後、天武天皇十二年二月、天武天皇は二十一歳になった大津皇子を朝政に参加させている。『日本書紀』に、「大津皇子、始めて朝政《まつりごと》を聴《きこ》しめす」と見えるもので、このとき大津皇子は、はじめて国政に携わる立場を与えられている。

皇太子草壁が政務に参画するポストにあるうえに、大津皇子が朝政に加わることは、将来紛争の種になる可能性は十分あった。場合によっては大津皇子が草壁皇子の立場を脅かしかねない存在ともなったろう。そうしたことを天武天皇が知らないはずはないし、まして紛争を起こすような原因を、天武天皇自らが作り出したとは思えない。そんな天武天皇の真意をどのように理解すればいいのか。

理解のカギとなるのが草壁皇子の嫡子珂瑠《かる》皇子（のちの文武天皇）の誕生である。大津皇子が「朝政を聴く」ことを命じられたその年に誕生しているからである。母は鸕野の異母妹、阿《あ》閇《へ》（阿陪）内親王（のちの元明女帝）だから、鸕野にとっては甥であり、孫でもある皇子の誕生だった。

珂瑠皇子が生まれた月日は明らかでない。したがって大津皇子の朝政参画が命じられた時期（二月一日）との前後関係は不詳であるが、この二つの出来事が無関係であったとは思えない。

というより、大津皇子の朝政参加は阿閇内親王の懐妊を機に実現されたものと、わたくしは考える。

大津皇子の立場

天武天皇が危惧したのは皇位をめぐる争いであった。吉野にまで出かけて盟約を行ったのも、そうした争いを避けるためであった。そこで天武天皇が打ち出した構想は、皇位の嫡系（直系）継承を定着させることであったと判断する。皇位継承については、それまで兄弟相承が一般的であったが、ときにはそれが混乱のもとになることは、天武天皇が身をもって体験している。これに対して嫡系・直系継承では、天皇と皇太子との関係が父子となり、継承者が限定されるだけでなく、両者の間に一定の年齢差が生ずることによって、天武天皇のめざす天皇の専制的性格がより強められることにもなる。

こうした天武天皇の構想のなかで大津皇子の朝政参画を考えると、その処遇に苦慮していた天武天皇が、大津皇子の立場を臣下として最大限に格上げし、その一方、草壁→珂瑠への嫡系相承を実現するために採った苦肉の策であったと思う。むろん、阿閇内親王が懐妊したからといって皇子が生まれるという確証はなかったが、この期をおいて、大津皇子の立場と役割を天下に周知させる機会はなかったろう。それだけ大津皇子の存在が無視できなくなっていたことを物語っているが、天武天皇としては、大津皇子が臣下として草壁（↓珂瑠）を補佐する立場となってくれることを願ったのである。それが大津皇子の才能を生かす唯一の道だというのが、天武天皇の結論であった。

しかし、大津皇子の朝政参加は鸕野の不安を駆り立てることになる。

皇后と皇太子に申せ

天武天皇十五年（六八六）は鸕野にとって波瀾の一年となった。この年、夫天武天皇が亡くなったからである。

天武天皇は一年ほど前に発病し、一時期回復したものの、この年五月、再び病の床についている。そうしたなか、天武天皇の病気が草薙剣《くさなぎのつるぎ》の祟《たた》りであるとの占いがあり、即日剣は尾張の熱田《あつた》社に返還されるということがあった。かつて熱田社から盗まれた剣が宮中に安置されていたのである（『日本書紀』天智天皇七年是歳条）。天武天皇自身も、仏法の加護にすがり回復を願って飛鳥寺に珍宝を奉納する一方、諸国には大解除《おおはらえ》が命じられ、主たる神社への奉幣が行われるなど、さまざまな祈願が続けられている。天下に大赦を行い、牢獄《ろうごく》がすっかりからっぽになったということもあった。しかし、回復の兆しは見えなかった。

死期の近いことを悟った天武天皇は七月十五日、群臣たちに、「天下のこと、大小を問わず、悉《ことごと》く皇后と皇太子に啓《もう》せ（天下の事は大小を問わず、すべて皇后と皇太子に啓上せよ）」と命じている。万が一の事態を予測して、鸕野と草壁皇子に政務の全権を委ねたのである。鸕野と相談のうえの措置であったことはいうまでもない。

盟約の再確認

この措置については一般に、大津皇子の「朝政参加」の権限を剝奪《はくだつ》したものであり、大津皇子はこれによって執政の圏外に追いやられたと理解されることが多い。大津皇子の政治生命が断たれたというのである。しかし、はたしてそうか。

鸕野と草壁皇子への全権委任によって、大津皇子がそれまで以上に微妙な立場に立たされたことは事実だとしても、その結果大津皇子の政治的生命が奪われるなど、ありえることではない。この措置は、天武天皇が自身の後継者を指名したものであり、それは同時に大津皇子の立場を周知徹底させること、すなわち〝吉野の盟約〟を再確認させたものである。

前述したように、大津皇子に対する天武天皇や鸕野の扱いは、一貫して草壁皇子を補佐させるというものであった。その証拠にこの措置の翌八月には、草壁・大津・高市の三皇子に対して、同額の封四百戸を加増している。前年の正月、新位階制が制定されたさい、草壁皇子に浄広壱《じょうこういち》（のちの正四位下）が授けられたのに対して、大津皇子に与えられたのは浄大弐《じょうだいに》（のちの従四位上）、高市皇子は浄広弐《じょうこうに》（のちの従四位下）であった。皇太子草壁と大津皇子、そして高市皇子との間に明確な序列化がなされている。それがこのときの加増では二人とも草壁皇子と同額であるのは、二人に対する最大限の厚遇であり、それはひとえに皇太子草壁の補佐たる役割を期待してのものであったといってよい。ちなみに吉野の盟約に参加した天智天皇の皇子である川島皇子と忍壁皇子に対しては、ともに浄大参《じょうだいさん》（正五位上）が与えられ、加増は百戸であり、扱いの違いは歴然としている。

鸕野の悲しみ

死を迎えた天武天皇の願いは、大津皇子が皇位継承に拘ることなく草壁皇子の最大のブレーンとなってくれることであった。大津皇子を政界から抹殺しようと、天武天皇が考えることなどありえない。

天武天皇の容体が芳しくないなか、七月には「朱鳥《あかみとり》」と改元されている。『日本書紀』には、「朱鳥」をアカトリではなく「アカミトリ」とよむことが訓注されているが、「ミ（御）」は敬語、赤鳥は上瑞の鳥である。元号は孝徳朝の白雉以来途絶えており、三十余年ぶりの元号であるが、天武天皇の病気平癒を祈願してのものであったことはいうまでもない。宮殿が飛鳥浄御原宮と命名されたのも、このときであった。しかしその甲斐もなく、天武天皇は九月九日に没した。五十六歳というのが大方の見方である。

『万葉集』（巻二―一五九）には、「天皇の崩《かんあが》りましし時に、大后の作らす歌一首」と題する鸕野の歌が収められている。口語訳にしてしまうと風趣が損なわれてしまうが、鸕野の心情を理解するためにあえてそれを記すと、歌は次のような内容である。

わが大君である天武天皇が、朝夕必ずご覧になっている神岳《かみおか》の山の黄葉《もみじ》を、今日も明日もご覧になるでしょうか。その山をはるかに見ながら、夕方になるとたまらなく悲しくなり、夜が明けるとただ心淋しく時を過ごして、喪服の袖はひとときも乾く間とてない。

「荒栲《あらたえ》の　衣の袖は　干《ふ》る時もなし（粗い喪服の袖は乾く暇もない）」と詠まれた文言に、鸕野の悲しみと淋しさが凝縮されている。夫天武天皇と二人三脚で数々の難局を切り抜けてきた鸕野であるが、鸕野の脳裏に蘇《よみがえ》るのは雄々しい天武天皇ではなく、日々の生活を愛《いと》おしむ姿であった。ちなみに翌年八月、鸕野は三百人の僧侶に天武天皇の御服で縫った袈裟を布施しているが、『日本書紀』には、その詔の言葉は悲痛で、詳しく述べることができないと記している。堪えがたいほどの鸕野の心中を思うと、その悲しみが今も惻惻《そくそく》として胸に迫る。

大津皇子、ひそかに姉に会う

しかし、鸕野は無為に時を過ごすわけにはいかなかった。天武天皇が亡くなって二日後（九月十一日）、宮殿の南庭に殯宮を建て、遺骸を安置して殯宮儀礼を行っている。以後儀礼は二年二ヵ月の長きにわたって行われることになる。

じつはその儀礼のさなか、事件が起こった。『日本書紀』（持統称制前紀）には朱鳥元年（六八六）十月二日（天武天皇紀では九月二十四日とする）、大津皇子の謀反が発覚したとある。天武天皇が亡くなって三週間後である。大津皇子は即座に捕らえられ、翌日訳語田《おさだ》の家で死を賜った。妃の山辺《やまのべ》皇女（天智天皇の娘）は髪を振り乱し、裸足《はだし》で駆けつけあとを追って殉死したといい、見る者はみな涙を流したと伝えている。

事件について『日本書紀』や『懐風藻』（「大津皇子伝」）には、新羅僧行心《ぎょうしん》が謀反を勧めたとあり、『懐風藻』（「川島皇子伝」）には、大津皇子の親友だった川島皇子（天智天皇の息子）が事件を密告したと記している。大津皇子が実際に謀反を企てていたのかどうかは、分からないが、大津皇子自身にも乗じられるスキがなかったとも言い切れまい。ちなみに、大津皇子が斎王として伊勢神宮に奉仕していた姉の大伯皇女に会いに行ったことが、発覚の動機になったとの見方もある。根拠は『万葉集』（巻二―一〇五・一〇六）に収める大伯皇女の歌で、その詞書《ことばがき》に「大津皇子、窃《ひそ》かに伊勢神宮に下りて上り来し時」とあるから、大津皇子が人目を避けて伊勢に下ったことは間違いない。

それにしても大津皇子は、なぜ姉に会いに行ったのか。人目を避けてまで姉の斎王に会いに行くのは、よほどの決意があったに違いない。父の天武天皇が亡くなり、身の危険を感じて姉に別れを告げに行ったとも、謀反の計画を打ち明けに行ったとも考えられよう。真相の解明は容易でないが、事件は天武天皇の死によって一挙に不安に取り憑《つ》かれた鸕野の謀略であったと、わたくしは見ている。

事件の真相

そう考えるのは、事件の連坐《れんざ》者三十余人が早々に赦されていること、とくにそのなかの一人、大舎人中臣意美麻呂《おみまろ》が鸕野の即位後政界に復帰して栄進を重ねており、鸕野と通じていたことを思わせるからである。栄進は意美麻呂だけでない。

中臣一族は壬申の乱で近江朝廷側につき、一族の長であった金《かね》（右大臣）が処刑されて、一時は雌伏を余儀なくされていた。そんな時期、金の甥の大嶋《おおしま》が勢力の回復に努め、鸕野の即位式では大嶋が天つ神の寿詞《よごと》を読み、以後代々の即位儀礼において中臣氏が奏上するようになる。中臣氏の復権に意美麻呂・大嶋がその一端を担っていたことを物語っている。

その意味で、大津皇子事件における意美麻呂の役割が重視されるのである。推測になるが、鸕野の意を受けた意美麻呂が大津皇子に謀反を起こさせる、いわばオトリ役となったのではなかったか。栄進はその見返りであった可能性が大きい。そうだとすれば、それは意美麻呂にとって、一族の保全をかけた行動であったに違いない。

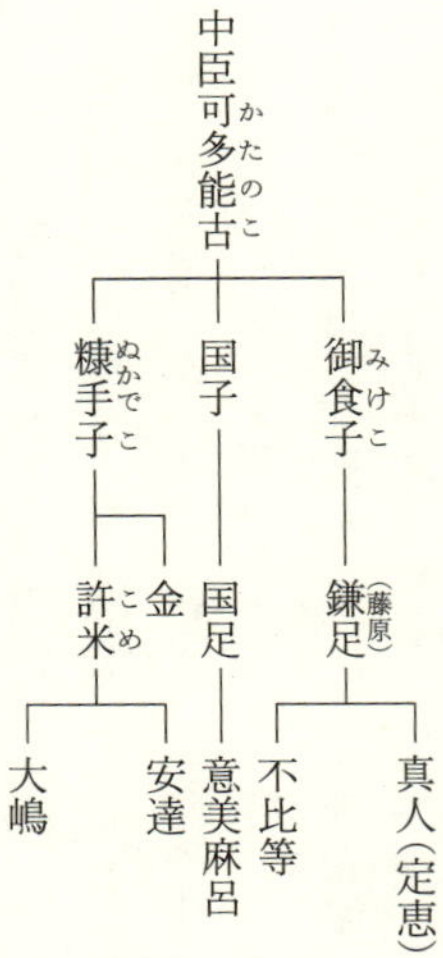

中臣氏系図

このように見てくると、鸕野にとって大津皇子の事件は、いわば二度目の〝壬申の乱〟であった。内紛(後継者争い)は天武天皇がもっとも恐れていたことであり、そのために大津皇子の処遇に苦慮したのであったが、その大津皇子を一挙に抹殺してしまったのが鸕野であった。大津皇子に人望と才華があっただけに、一つ間違えば鸕野・草壁の母子は破滅しかねない。大津皇子の断罪は、鸕野にとっても大きな賭けであったろう。そして、このときも鸕野は〝乱〟に勝利したのであった。

しかし鸕野にとっての〝壬申の乱〟は、それで終わったわけではない。もう一度、乗り越えなければならない〝闘い〟が待ち受けていた。数年後のことである。

二上山を弟と見る

いっぽうの大伯皇女であるが、朱鳥元年十一月、父天武の死によって伊勢斎王の任を解かれて飛鳥へ戻って来た。しかしそのとき、すでに弟の大津皇子は処刑され、この世にいなかった。伊勢での十三年ぶりの再会が、姉弟にとって今生の別れとなったのである。大津皇子の遺体が葛城《かつらぎ》の二上山《ふたかみやま》に移葬されたときに、大伯皇女はその悲しみを次のように詠んでいる(『万葉集』巻二―一六五)。

うつそみの　人にある我や　明日よりは　二上山を　弟世《いろせ》と我が見む

（この世の人である私は、明日からはこの二上山を弟と思って眺めましょう）

もう会うことのできない弟への思いが、今も涙を誘う。

こんにち、二上山《にじょうざん》（大阪府と奈良県の境にある山）の雄岳《おだけ》山頂にある墓がそれとされているが、断罪された人物を山頂に葬るのは不自然だとの見方から、実際には二上山の東麓にある鳥《とり》谷口《たにぐち》古墳に埋葬されたとする意見もある。

大津皇子については、奈良の薬師寺に坐像《ざぞう》が伝えられ、境内には大津皇子を祀る若宮社もある。薬師寺といえば、天武天皇が皇后鸕野の病気平癒を祈願して発願したのが始まりで、鸕野が完成し、平城遷都後現在地に移転したものである。坐像や若宮社はむろん後世のものであるが、大津皇子に心を寄せる人がいたのであろう。天武・持統ゆかりの寺に安置し祭祀したところに、当時の人びとの優しさを垣間見る思いがする。

大津皇子・大伯（来）皇女の名が記された木簡（写真・奈良県立橿原考古学研究所附属博物館）

なお、大伯皇女については二十六歳で飛鳥に戻って以降、その動向はいっさい明らかでないが、十一世紀初めに書かれた『薬師寺縁起』に、大伯皇女が父天武天皇のために昌福寺《しょうふくじ》を建立したと見える。「字は夏見《なつみ》、もと伊賀国名張郡にあり」と記していることから、飛鳥時代に建立された

夏見廃寺（上）と大来皇女の万葉歌碑（巻２－166。犬養孝氏揮毫）　展示館の裏に置かれている。寄り添うような２つの石は大伯・大津の姉弟をイメージしたものという

といわれている夏見廃寺（三重県名張市夏見にあったとされる寺院の跡地）がそれではないか、とも考えられている。また、天武天皇の追福というのは表向きのことで、実際は弟の大津皇子の冥福を祈ったとも推測されている。

いずれにせよ、不遇な生涯を強いられた姉弟への憐憫《れんびん》の情は、こんにちでも極まりない。

大伯皇女は大宝元年（七〇一）十二月二十七日に亡くなった。『続日本紀』には、「大伯内親王薨《こう》ず。天武天皇の皇女なり」と記すだけである。飛鳥に戻ってからは父や母、弟の菩提《ぼだい》を弔いつつ静かな余生を送ったものと思われる。四十一年の生涯であった。

第六章　称制から即位へ（686年〜）

——期待に満ちた「藤原京遷都」

南上空から見た藤原宮跡　正面奥に見えるのが耳成山（写真・上田安彦／アフロ）

	持統関係	年齢	社会情勢
朱鳥元（686）	天武天皇、体調不良 天武天皇没 鸕野、称制 大津皇子、自害 大伯皇女、帰京	42	朱鳥と改元 宮号を飛鳥浄御原宮と定める
持統元（687）		43	大内陵を築く
持統2（688）	天武天皇を葬る	44	
持統3（689）	吉野行幸始まる 草壁皇子没	45	
持統4（690）	持統天皇即位 はじめて藤原宮地を視察	46	高市皇子を太政大臣に任命
持統5（691）		47	藤原京地鎮祭
持統6（692）	伊勢行幸を強行	48	
持統8（694）		50	藤原京遷都
持統10（696）		52	高市皇子没

一　草壁皇子から珂瑠皇子へ

鸕野が選んだ称制

『日本書紀』（持統称制前紀）には、天武天皇が亡くなったあと、皇后鸕野がただちに「臨朝称制したまう」と記している。即位せずに政務を執ったのである。これを称制という。時に鸕野は四十二歳、皇太子草壁は二十五歳であった。

それにしても誰しも疑問に思うのは、鸕野が即位をせずに称制したことであり、また皇太子草壁がこのとき、なぜ即位しなかったのかということであろう。草壁皇子が立太子したのは二十歳であったから、すでに五年間その地位にあった。

しかし鸕野は草壁皇子を即位させたくとも、それができなかった。当時の慣習で、天皇となるためには少なくとも三十歳以上というのが不文律となっていたからである。その点で、二十五歳の草壁皇子は若すぎた。即位まで、少なくともあと五年の歳月が必要だった。かといって、この時点では「譲位」のしきたりが定着しておらず、鸕野が即位することもできなかった。いったん即位したら鸕野が亡くならない限り、草壁皇子の即位はありえない。草壁皇子の即位は鸕野の死と引き替えに実現するものだった。となれば草壁皇子が三十歳になるまで、時間かせぎをする以外に手立てはなかった。そのために採られたのが鸕野の称制であり、それが草壁皇子の即位を確実に実現するための唯一の手段であった。

ちなみに鸕野の称制は父の中大兄皇子(のちの天智天皇)にならったものである。斉明女帝が没したあと、皇太子中大兄皇子が即位せずに政務を執っている。それが称制の初例で、その立場や権限は天皇に匹敵するものであった。

鸕野の称制は天武天皇没後、にわかに打ち出された措置ではあるまい。それはかねてから、万が一の事態に備えて天武天皇と鸕野との間で構想されていたこと、とわたくしは見ている。生前の天武天皇が命じた、「天下のこと、大小を問わず、悉く皇后と皇太子に啓せ」との言葉は、称制を意図して発したものと考える。その意味で鸕野の称制は、天武天皇の〝遺詔〟であったといってよい。

仏教を取り入れた天武天皇の葬送

さて、草壁皇子の即位を実現するために称制に踏み切った鸕野であるが、その称制時代を特徴づけるのが天武天皇の殯宮儀礼である。中心となって進めたのは、むろん鸕野である。

殯宮とは埋葬までの期間、遺体を安置しておくところで、天武天皇が亡くなって二日後に南庭に建てられている(前述)。その殯宮で亡き天武天皇に対して誄《しのびごと》を奉る、いわゆる慟哭《どうこく》儀礼が行われる。天武天皇の生前の徳を讃《たた》える儀式である。古来行われてきた伝統的弔詞であり、『日本書紀』に記す大王(天皇)の殯の期間は、大半が半年から一年である。ところが天武天

天武天皇の葬送儀礼

年	日付	事　　項
朱鳥元年（686）	9. 9	天武天皇崩御
	9.11	哭《みね》す、南庭に殯宮を建てる
	9.24	南庭で殯、哭す
	9.27	僧尼が哭す、官人が誄《しのびごと》を奏上
	9.28	僧尼が哭す、官人が誄を奏上
	9.29	僧尼が哭す、官人が誄を奏上
	9.30	僧尼が哭す、百済王、国造らが誄を奏上
持統元年（687）	1. 1	**皇太子**が公卿・百官人を率いて哭す
	1. 5	**皇太子**が公卿・百官人を率いて哭す、衆僧も哭す
	5.22	**皇太子**が公卿・百官人を率いて哭す、隼人の首長らも誄を奏上
	10.22	**皇太子**が大内陵の築造を始める
持統2年（688）	1. 1	**皇太子**が公卿・百官人を率いて哭す
	1. 2	衆僧が哭す
	3.21	藤原（中臣）大嶋が誄を奏上
	8.10	殯宮に新穀を奉り哭す、大伴安麻呂が誄を奏上
	11. 4	**皇太子**が公卿・百官人、諸蕃国の賓客を率いて哭す、諸臣も誄を奏上
	11. 5	蝦夷ら190人余りが誄を奏上
	11.11	天武天皇を大内陵に葬る、官人たちが誄を奏上

皇の殯は二年二ヵ月の長期に及んでいる。異例の殯であった。

異例といえば、二年二ヵ月の間、皇太子草壁皇子が公卿《くぎょう》・官人らを率いてしばしば殯宮に赴き、慟哭の礼を行っている。誄は亡き天皇との関係を重視して、朝廷の主だった官人たちが奉るのが通例で、皇太子草壁が奏上するのは当然としても、それが一度や二度ならず再三（『日本書紀』に記されているだけでも五回）行われているのは政治的思惑があってのこととしか考えられない。天武天皇の後継者が草壁皇子であることを確認させ、印象づけるきわめて効果的な措置であったことは間違いない。

殯宮で草壁皇子に伴われた諸臣それぞれが、自分たちの先祖が歴代天皇に仕えてきた内容を掲げ誄を奏上していること（たとえば『日本書紀』持統天皇二年十一月四日条）もまた、意図的な演出であった。それは天武天皇（の遺骸）に対する忠誠心の誓いの証しであり、取りも直さず鸕野・草壁への恭順にほかならなかった。そこで想起されるのが、天武天皇の殯宮儀礼が始まった直後に発覚し、処刑された大津皇子の事件である。事件が鸕野の謀略であったか否かはともかく、長期に及ぶ儀礼には事件の鎮静化をはかる狙いがあったことも確かであり、じじつ連鎖事件は起こっていない。鸕野は、殯宮儀礼を通して事件の動揺を吸収緩和することに成功したのである。

しかし、天武天皇の殯宮儀礼の最大の特徴は、仏教的要素が大幅に取り入れられていることである。すなわち九月二十七日、諸々の僧尼が殯の庭で「哭《みね》たてまつ」っており、翌二十八日にも諸の僧尼が奉っている（前頁表）。「哭たてまつる」とは弔意を表して慟哭する儀礼をいうが、天武天皇の場合それが僧尼であったことから、仏典の読経であったと見てよい。僧尼に読経させるという仏教的儀礼を取り入れた殯は前例のないことで、仏教を中心とする国家造りをめざした（それは大化改新以来の国家構想でもあったが）天武天皇にふさわしい葬送儀礼であったといえよう。

最新の文化儀礼を導入して行われた殯宮儀式を目の当たりにし、人びとが天武天皇への尊崇の念を掻《か》き立てられたことはいうまでもない。それこそが鸕野の期待するところであった。

草壁皇子の急逝

二年二ヵ月にわたって営まれた殯宮儀礼が終わった。この間、大津皇子は抹殺され、鸕野は儀式を敢行することで宮廷の動揺を抑え、難局を乗り切ったのである。

そのいっぽうで、鸕野は民衆に対する慈善政策も忘れてはいなかった。老人や病人、貧民に物を施し、罪人を赦している。負債の利子を免除したり、租税のうちの調を半減するという減免措置にも踏み切っている。民衆の心を巧みに摑《つか》み、社会の動揺を抑えるという見事な政治的手腕に驚嘆する。

こうして称制から二年目のこと、その年十一月十一日に天武天皇は大内《おおうち》陵に葬られている。陵墓は、皇太子草壁皇子が前年に築造を開始したもので、草壁皇子が後継者であることを強く印象づけたことは間違いない。

天武天皇を失った淋しさだけはどうしようもなかったが、鸕野の不安要因はすべて取り除かれた。鸕野にとって、いわば第二の〝壬申の乱〟に勝利したのである（一七八頁）。あとは草壁皇子が三十歳になるまでもう三年、時を待てばよかった。

ところが皮肉にも、翌年（六八九年）四月、草壁皇子は急逝する。二十八歳であった。

最愛の息子草壁を失った悲しみは、想像を絶するものであったに違いない。失意の鸕野について、『日本書紀』にはいっさい記されていない。『万葉集』にも御製は残されていないが、その衝撃は、夫天武を失った以上に大きいものであったと推察する。

草壁皇子は真弓丘陵《まゆみのおか》に葬られた。高取町佐田《さだ》にある束明神《つかみょうじん》古墳がそれといわれている。

皇太子草壁が亡くなったことは、鸕野の苦心が水泡に帰してしまっただけでなく、天武天皇没後の政治的危機が再燃しかねない状況に陥ったことを意味する。それでも鸕野には救いがあった。孫の珂瑠皇子がいたことである。

珂瑠皇子は、草壁皇子が天智天皇の娘阿閇（阿陪）皇女（のちの元明女帝）との間に儲けた皇子である。このとき、まだ七歳の小児でしかなかったが、何としてもこの珂瑠皇子の即位を実現したいという思いが、このときから鸕野の執念となった。そのために、鸕野はもう一度危機を乗り越えなければならなかった。大津皇子の事件が〝二度目の壬申の乱〟だったとすれば、珂瑠皇子の即位実現は、鸕野にとっていわば〝三度目の壬申の乱〟である。

決断

持統天皇四年（六九〇）正月、鸕野は正式に即位した。儀式には物部麻呂が大盾《たて》を樹て、神《じん》祇伯《ぎはく》の中臣大嶋が天つ神の寿詞を読み、終わって忌部色夫知《いんべのしこぶち》が神の璽《しるし》の剣と鏡を奉呈している。寿詞の奏上ははじめてのことであり、即位儀式は厳粛な雰囲気に包まれて終了した。持統天皇の誕生である。時に四十六歳であった。

鸕野が即位に踏み切ったのは、珂瑠皇子が成長するまでの時間かせぎのためであったが、それ以上に留意されるのは、即位が珂瑠皇子のライバルを排除する役割を果たしたことである。これまで述べてきたように、当時の皇位は父子継承ではなく兄弟間で継受されるのが一般的であったから、草壁皇子没後はその兄弟たち——数多くいた天武天皇の諸皇子らが有資格者となった。ところが持統天皇が即位したことによって、彼らの立場は阻まれてしまったことになる。その意味で、持統天皇の即位は珂瑠皇子の擁立に向けて打たれた、きわめて巧妙な措置であったといえよう。

しかし、珂瑠皇子の擁立は簡単に実現できるものではなかった。だいいち、当時の慣例からすれば、時に七歳の珂瑠皇子が即位条件を満たすまでには、まだ二十数年という年数が必要であった。しかも譲位の制度はなかったから、持統天皇が亡くならない限り、珂瑠皇子の即位はありえない。

従来の慣習や伝統にのっとる限り、珂瑠皇子の即位は事実上不可能であることは明白であった。それを承知で持統天皇は即位に踏み切り、当面の珂瑠皇子のライバルを排除したのであるが、かといってこの時点で、実現への明確な見通しを持っていたとは思えない。

即位はしたものの、持統天皇はどのようにして慣習を反古にし、珂瑠皇子の即位を実現するつもりであったのか。そのことはおいおい明らかになるであろう。

それはさておき、持統天皇の即位に関して注目されるのは、即位後、立太子の動きがまったく見られないことである。これまでの女帝は、推古天皇にせよ皇極天皇にせよ、早い時期に必ず皇太子が立てられた（一四頁）。ところが持統天皇の場合は皇太子でなく、即位の半年後、高市皇子が太政大臣に任命されている。

皇太子と太政大臣

前述したように、太政大臣は天智天皇が亡くなる十一ヵ月前、大友皇子を任じたのが最初であり、それが皇太子に準ずる立場であったことから類推して、持統天皇は高市皇子を後継者に定めたと見る意見がある。しかし、そうではない。天智天皇が大友皇子を太政大臣にしたのは、皇太子（弟）として大海人皇子がいたために大友皇子を立太子できなかったからで、苦肉の創出であった。

これに比して高市皇子が任じられた太政大臣は、浄御原令（持統天皇即位の前年に施行されていた）の新官制に規定されたポストで、国政における最高機関（太政官）の首席大臣である。したがって大友皇子のそれと同一ではない。高市皇子の太政大臣は、かつて天武天皇が大津皇子に対して国政に参画する立場を与えたのと同じで、皇位継承権を封じ込めたものである。高市皇子の場合、皇太子の地位は空席であり、後継者にするつもりであったなら、立太子はできたはずである。それをしなかったのは、持統天皇にその気持ちがなかったからである。翌五年正月、高市皇子に封戸二千戸を加増、さらにその翌六年正月にも二千戸が加増され、以前の千戸と合わせて高市皇子の封戸は五千戸に達し、前後に例のないほどの数になっている。これもまた、天武天皇が大津皇子に対してとった厚遇策とまったく同じで、持統天皇の思惑を垣間見る思いがする。

持統天皇は、立太子と深く関わって要請された以前の女帝とは異なり、皇太子ではなく太政大臣を任命することで、女帝の伝統を踏襲しようとしたのである。繰り返していうと、高市皇子は草壁皇子没後、太政大臣として持統天皇を補佐したのである。

冷遇された忍壁皇子

高市皇子に関連して、もう一人注目したいのが忍壁皇子の処遇である。忍壁皇子は大海人皇子の第四皇子（母は宍人榖媛娘《ししひとのかじひめのいらつめ》）で、草壁皇子とともに大海人皇子の吉野退隠に従っている。生年は明らかでないが、壬申の乱の折り、草壁・大津皇子らとともに桑名の鸕野のもとに留められたのは、年端もいかない幼子だったからと思われる。

ちなみに天武天皇八年（六七九）、吉野で行われた「盟約」では高市皇子・大津皇子らとともに結束を誓っているが、天武朝での諸皇子（具体的には「吉野の盟約」に従った六人の皇子）の序列は、草壁皇子を筆頭に大津皇子・高市皇子の順で、川島皇子（天智天皇の皇子）と忍壁皇子、それに続くのが施基皇子（天智天皇の皇子）であった。しかも忍壁皇子の場合、位階授与にせよ封戸の賜与にせよ、つねに川島皇子と並ぶ扱いであった。天武天皇十年（六八一）三月、「帝紀《ていき》（歴代天皇の系譜を主としたそれぞれの事蹟《じせき》）」と「上古《じょうこ》の諸事（伝承や説話）」の記録事業についても、川島皇子とともに命じられたものであった。

その忍壁皇子が、持統朝では冷遇されていたとしか思えない。封戸の賜与が見られないばかりか、位階の昇進もまったくない。天武天皇十四年（六八五）以降、文武天皇即位後の大宝元年（七〇一）に三品《さんぽん》に叙せられるまで十六年間、位階は据え置きのままであった。忍壁皇子に才華がなかったわけではない。文武朝では藤原不比等らとともに大宝律令《たいほうりつりょう》の選定に携わっており、持統天皇が没したあとは、太政官の統括者として知太政官事《ちだいじょうかんじ》に任命され、皇族の代表的存在となっている。活動・昇進が見られないのは持統朝だけであり、それが阻害された結果であることは明白である。いったい、何があったのか。

珂瑠皇子のライバル

忍壁皇子の立場の重さ以外には考えられない。忍壁は幼子とはいえ、壬申の乱において、草壁皇子とともに「始めから」付き従った皇子である。高市皇子のように、実際に戦闘に参加したわけではないが、大海人皇子の息子として乱を勝ち抜いたのである。だからこそ「吉野の盟約」にも従い、その立場は草壁・大津皇子を除くと、高市皇子につぐ地位に位置づけられたのである。

そうしたことを考えると草壁皇子没後、孫の珂瑠皇子の即位実現に執念を燃やす持統天皇にとって、最大のライバルとなったのが高市皇子とこの忍壁皇子であったろう。二人は天武天皇の皇子というだけでなく、壬申の乱に当初から従ったことは人びとの記憶に生々しく、その人物像を飾り立てていったに違いない。生母はともに卑姓であるが、天武天皇の孫といえども壬申の乱をまったく知らない珂瑠皇子よりは、はるかにその存在には重みがあった。草壁皇子亡きあとは、その立場がいっそう際立ったものになったのではなかろうか。そのために持統天皇は、高市皇子を太政大臣に任命して皇位継承権を封じ込め、忍壁皇子に対しては政界での地位を阻害することで、珂瑠皇子を守ろうとしたのである。これもまた、暗に皇位継承権の放棄を求めた持統天皇流のやり方であった。持統朝における忍壁皇子の不遇を、以上のように考える。

桑名で持統天皇と一緒に過ごした大津・忍壁の二人の皇子が、持統天皇によって不幸な人生を背負わされたことは、不運としかいいようがない。

二　藤原京遷都

新益京の造営

持統天皇による藤原京の造営は、即位したその年（六九〇年）十月に着手されている。持統天皇の政治基調は浄御原令の実施、庚寅年籍《こういんねんじゃく》の作成、兵制の整備など、そのほとんどが天武天皇の遺志を受け継いだものである。藤原遷（造）都もその一つで、大和三山の地に営まれた最初の計画都市である。すなわち宮地視察に始まり、京域の造成・地鎮祭・宅地班給などの作業を経て、四年後に遷都している。

この藤原京については、当時「新益京《あらましのみやこ》」と呼ばれていたことが注目される（『日本書紀』持統天皇五年十月二十七日・同六年正月十二日条）。「新益」すなわち「新たに益《ま》す」とは、本来のものに付加するとの意で、具体的には藤原京が、以前の飛鳥諸宮には存在しなかった左・右の京域を持ったことに対する呼称と見てよい。その藤原京をことさら「新益京」と呼んだところに、人びとの期待や驚きが込められていよう。

この「新益京」は規模が拡大されただけでなく、新しい試みがなされている。一つは、宮城内に国家儀礼の場である朝堂院《ちょうどういん》が設けられたこと、二つは、豪族たちの藤原京への移住を進めたこと、三つは、宮殿がはじめて瓦葺きにされたこと、である。

その瓦葺き宮殿の中心にすえられたのが大極殿であるが、大極殿は天武朝の飛鳥浄御原宮で出現したことは前述した。しかし、当時の大極殿は単独の建物であり、その南に建物が郡立する、いわゆる朝堂院が形成されていたわけではない。それが藤原宮では大極殿を正殿とする朝堂院を造り出し、国家儀礼の場として設けられたのである。端的にいえば、それが藤原遷都の第一の目的であった。ちなみに『続日本紀』には、大宝元年（七〇一）文武天皇（珂瑠皇子）が大極殿に出御して行われた元日朝賀の儀について、「文物の儀、是《ここ》に備われり（あらゆる儀礼がここに整った）」と記している。大極殿（朝堂院）は新都藤原宮のシンボルだったに違いない。

豪族の移住と大藤原京

遷都のもう一つの目的である豪族たちの移住についても、藤原京では画期的な措置がとられている。持統天皇五年（六九一）十二月に行われた宅地班給である。右大臣から無位にいたるまで、位階や家族数に応じて京中に無償で宅地（家地）が与えられている。これ以前、天武朝の難波宮においても班給されたが、本格的に始まったのがこのときで、以後の遷都では必ず班給された。

宅地班給の目的は、それによって豪族たちを京中に集住させ、役所への出仕を義務づける点にあった。しかし藤原京の場合、どの程度移住が実現したのか、疑問である。藤原不比等が宮城の東に邸宅を構えたことは確かであるが（「城東第《じょうとうだい》」。『扶桑略記』慶雲《けいうん》三年十月条）、王族・貴族たちの藤原京への集住化は決して十分に行われたとは思えない。というのも、飛鳥諸宮より広い空間を占めたとはいえ、藤原京と飛鳥は指呼の間にある。となれば、長い間「みやこ」であった飛鳥への愛惜の念を持つ人びとにとって、飛鳥を捨てる積極的な理由はなかったろう。そうしたことを考えると、為政者の思惑とは裏腹に、藤原京に止住したのは限られた人であり、少数であったと思われる。

ちなみに近年、「大藤原京」と名づけて、大和三山を含みこむ広さを想定する理解が支持されている。今後のさらなる発掘調査の研究成果に委ねたいが、もし「大藤原京」が事実とすれば、集住化がなされた形跡がほとんど見られない京中は、ますますもって空疎なものであったとしか思えない。

失敗した遷都

いずれにせよ集住化に失敗したことが、藤原京が二十年足らず（正確にいえば十六年）で棄《す》てられる最大の原因になった。

これに対して、最近、藤原京が短期間で棄てられた理由を環境問題や都市問題に原因があったとする理解がある。すなわち藤原宮の大極殿付近でトイレが確認されたことと、京の内外に穢《けが》れた悪臭があるのは担当の役所が取り締まらないからである、との詔（『続日本紀』慶雲三年三月十四日条）が下されたことを結びつけて、都市問題が深刻化していたと見るのである。しかし、藤原京時代、それが原因で疫病が多発したとか、京中に異常事態が発生していたなどの記述はない。そもそも、この詔の目的は諸司の礼儀作法を正すことにあって、悪臭の指摘にあったのではない。都市公害が決定的な理由になったとは、とうてい考えられないのである。

また、野望に燃える藤原不比等の専権によって藤原棄都が実現されたという見方が古くから提唱されている。平城遷都の事実上の推進者が不比等であったことは確かであるが、かりそめにも国家の拠点となる遷都が個人的手腕・判断で実現されるなど、ありえない。だいいち、この段階で不比等が官僚の最高ポストにいたわけではない。のちのことになるが、不比等は自分の孫である首《おびと》皇子（のちの聖武天皇）の即位についてさえ、それを強行したという事実はない。

不比等がめざしたのは、あくまでも律令国家の確立であった。

それよりも大事なのは、藤原京が造営された目的は何だったのか、それが棄てられた結果、なぜ新都として平城京が選ばれたのか、という視点である。それについて環境問題や都市公害が無関係とは思わないが、藤原京での集住化の失敗が最大の原因であったとしか、考えられないのである。

三　不比等の登場

高市皇子の死

藤原京の造営は、天武天皇の遺志を受け継いだ持統天皇によって着手されたが、工事を実際に進めたのは太政大臣の高市皇子であった。持統天皇四年（六九〇）十月に持統天皇の命を受けた高市皇子は、公卿百寮を従えて藤原宮の地を視察し、十二月には持統天皇自らも宮地に出かけている。これが事実上、工事のスタートであった。藤原京の造営も遷都も、この高市皇子の協力なくしては実現できなかった。

ところが、この高市皇子が亡くなってしまう。持統天皇十年（六九六）七月、藤原京に遷都して二年後のことである。

高市皇子が天武天皇の長男（母は胸形君尼子娘）であること、しかし生母の出自が低かったために皇位継承の立場になかったこと、持統天皇が即位したその年に、太政大臣に任命されて政界のトップに立ち持統朝を補佐したこと、などについてはすでに述べた。そうした高市皇子の死が、持統天皇に大きな衝撃を与えたことはいうまでもない。

年が明けて二月、持統天皇は決断を下した。十五歳になった孫の珂瑠皇子を立太子させたのである。東宮大傅《とうぐうたいふ》には当麻真人国見《たいまのまひとくにみ》が、春宮大夫《とうぐうだいぶ》には路真人跡見《みちのまひととみ》、春宮亮《とうぐうすけ》には巨勢粟持《こせのあわもち》が任命されている。

珂瑠皇子の立太子

立太子の決断は、高市皇子の死によって持統天皇がとらざるをえなかった方策であった。『日本書紀』によれば立太子以前、高市皇子が亡くなって三ヵ月後の十月、右大臣丹比島《たじひのしま》(七十三歳)に資人《しじん》(従者)百二十人、大納言阿倍御主人《みあるじ》(六十二歳)と大伴御行《みゆき》にはそれぞれ八十人、石上麻呂(五十七歳)と藤原不比等(三十八歳)の二人には五十人を賜っている。この五人が、珂瑠皇子が立太子し半年後に即位(文武天皇)したとき、その廟堂《びょうどう》の主要メンバーとなることを考えると、彼らを中心に、このとき珂瑠皇子擁立に向けての結束が固められたと見られるからである。資人の賜与はその見返りであった。

それにしても留意されるのは、不比等に対する破格の扱いである。五人のなかでの不比等は三十八歳の最年少であり、その立場は最下位であった。これ以前、判事に任じられてはいたが、さしたる業績があったわけではない。持統天皇がそうした不比等を抜擢《ばってき》したのは、強い信頼があったためである。

草壁皇子の佩刀

不比等の妻（娼子）は、持統天皇の母方の血脈を通して同系であった。すなわち娼子の父連子《むらじこ》は蘇我石川麻呂の弟であり、したがって娼子と持統天皇の母（蘇我石川麻呂の娘、遠智娘）とは従姉妹《いとこ》の間柄である。そればかりか、持統天皇にとって不比等は、父の天智天皇（中大兄皇子）のブレーンであった鎌足の息子ということが、信頼を高めていたことは間違いない。草壁皇子の死去にさいして、皇子の佩刀《はいとう》（黒作懸佩刀《くろづくりかけはきのかたな》）が不比等に与えられているのが何よりの証左である。草壁皇子がつねに身につけていたという佩刀で、いわば「草壁皇統」のシンボルであった。その授受に不比等が介在していることは（次頁の継受図）、生前の草壁皇子と不比等との絆の深さを示

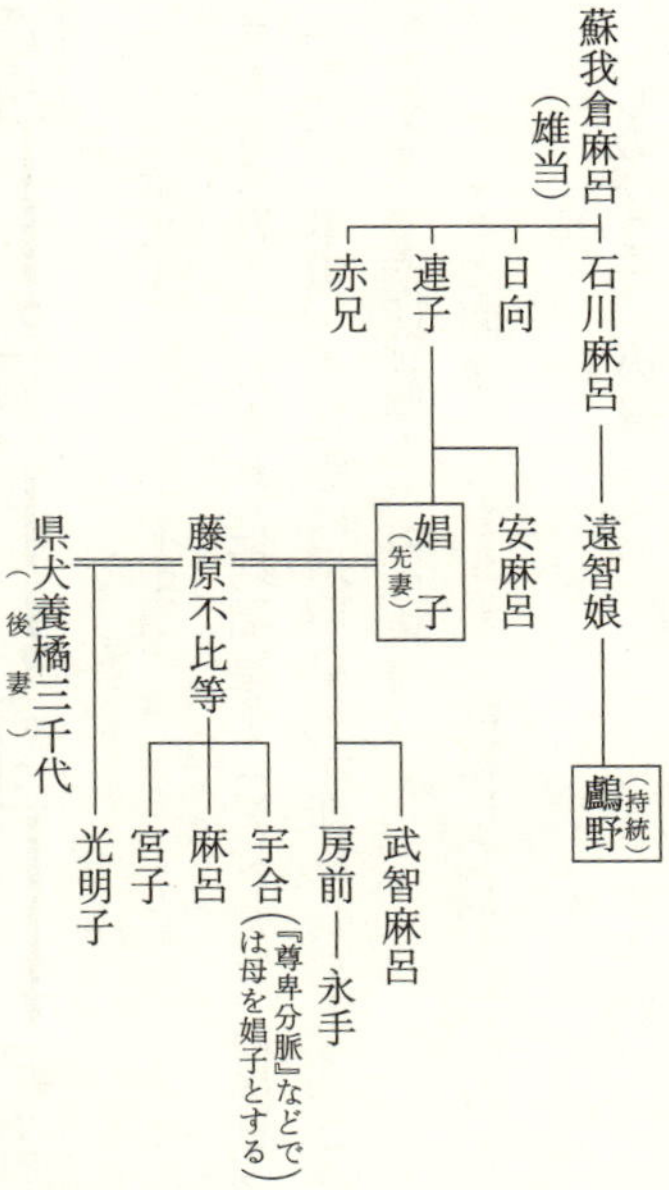

藤原不比等の妻と持統との関係

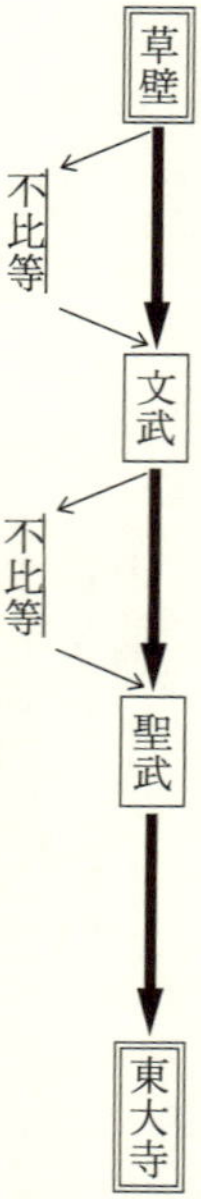

草壁皇子佩刀の継受（聖武天皇没後、東大寺に献納された）

すだけでなく、残された珂瑠皇子（当時七歳）の後見者となることを依頼したものと見て間違いない。事実、不比等は珂瑠皇子が即位したとき、その佩刀を返納している（「東大寺《とうだいじ》献物帳《けんもつちょう》」に収める「黒作懸佩刀」の由緒書）。

このことに関連してもう一つ留意しておきたいのが、「しのびごと」の書である。

「しのびごと」の書

時代は半世紀ほど降るが、それは天平神護《てんぴょうじんご》二年（七六六）正月、聖武天皇の娘である称徳《しょうとく》女帝（孝謙《こうけん》女帝が重祚）が、不比等の孫永手《ながて》（房前《ふささき》の子）を右大臣に任命するときに与えた宣《せん》命《みょう》に出てくるものである。言葉を補って大意を述べると、次のような内容である。

天智天皇の御世にお仕えしてきた藤原大臣（鎌足）、また後の藤原大臣（不比等）に対して、（それぞれの）天皇が賜った「志乃比己止乃書《しのびごとのふみ》（しのびごとの文）」に、浄《きよ》く正しい心で朝廷に仕えてくれる汝らの子孫たちには、必ずそれに報いよう。汝らの家の後継者を断絶させはしない、とある。だから今、藤原永手に右大臣の官を授けよう。

「しのびごと」を「忍び事」、すなわち内証の意とする理解もあるが、そうではない。故人を偲《しの》んで哀悼の意を述べる言葉が「しのびごと」である（誄詞《るいし》）。察するに、鎌足や不比等に対して、天智天皇や元明天皇・元正《げんしょう》天皇から生前の功績などを讃えた詔が与えられたのであろう。具体的に内容を示すものが伝えられているわけではないが、子孫たちには報いよう、藤原の家を断絶させるようなことはしない、との言葉には、天皇家と藤原氏とのきわめて密接な関係が示されている。それは両者の信頼と相互補完・連帯関係の立場を約束するものにほかならない。まさに先に述べた「黒作懸佩刀」の由緒書（継受関係）と重なり合うものであり、この場合称徳女帝は、持統朝における不比等の役割を永手に求めたということである。

ともあれ、歴代天皇から鎌足や不比等に「しのびごとの書」なる詔が与えられていたということは、はなはだ興味深い。両者の絆はそれほど強固なものだったのである。

勝ち取った信頼

不比等の没後にまで進んでしまった話を、藤原京の造営時に戻したい。

高市皇子没後、造営工事はむろん続行されている。持統天皇がまず不比等に期待したのは、高市皇子の後任として藤原京の造営を進めることであった。大宝元年（七〇一）七月には、造営にあたってきた造宮官が造宮職《しき》に昇格されるなど機構整備が行われ、むしろ工事が本格的に進展したことが従来から指摘されている。翌年には文武天皇の新宮も完成している。高市皇子没後、不比等は持統天皇の期待に応えて、藤原京の造営を推進したのであった。不比等は大宝元年に発布された律令の編纂にも中心的役割を果たしている。

不比等は父鎌足が近江朝廷と関係が深かったことから、壬申の乱以来雌伏を余儀なくされていた。しかし天武天皇が亡くなったあと、持統天皇が頼れるのは高市皇子とこの不比等でしかなかったろう。不比等の名が史料に見えるのは、持統朝に入ってからである。持統天皇の信頼はそうした状況のなかで築かれていったものであるが、不比等にとっては、藤原京の造営と整備が持統天皇の信任を確固たるものにする絶好の機会となったのである。

こののち、文武天皇即位とともに不比等の娘（宮子《みやこ》）が夫人として入内することを考えると、藤原氏台頭の基盤は、まさにこの時期に形成されたといってよい。

くどいようであるが、天智朝における鎌足の立場を勝ち取った不比等に、草壁皇統のシンボルともいうべき「黒作懸佩刀」が伝えられ、またその死後に「しのびごとの書」が与えられた理由である。

葛野王の発言

持統天皇は、珂瑠皇子擁立に向けても不比等に協力を求めた。珂瑠皇子を取り巻く環境はきわめて困難な状況にあり、協力者なくして実現は不可能だった。

というのも、珂瑠皇子の父草壁皇子は皇太子になったが、即位したわけではなかった。しかも大津皇子・草壁皇子・高市皇子は亡くなったものの、まだ天武天皇の諸皇子たちは多数が健在であり、天智天皇の皇子、川島皇子や施基皇子もいた。そして何よりも珂瑠皇子は年少だった。大化改新以来、天皇が後継者を決めることが慣習となっていたが、持統天皇といえども、それを強行することはできなかった。皇位継承のうえで珂瑠皇子の立場は、それほど不利だったのである。

おそらく不比等の進言を得てのことであろう、こうした状況のなかで持統天皇がとった措置は、珂瑠皇子擁立に向けての群臣の合意形成であった。『懐風藻』（「葛野王伝」）に、高市皇子が亡くなったあとのこととして、そのときの様子が伝えられている。

諸皇子や重臣たちが集められ、皇位継承者を誰にするか話し合いがなされた。しかしそれぞれの思惑が絡み、紛糾して決着がつかなかった。そのとき、大友皇子の長男（天智天皇の孫にあたる）である葛野王が進み出て、「わが国の法では神代以来、『子孫』が継承して皇位を継いできました。もしそれが『兄弟』の間で継承されるとなれば、紛争の火種になりましょう。天の心が誰にあるかは分かりませんが、こうした点から推し量れば後嗣（皇位継承者）が誰であるか、決まっているではありませんか。とやかく言うのはよしましょう」と発言した。

葛野王が言った「子孫が継承」とは、天武天皇→草壁皇子→珂瑠皇子（草壁皇子の遺児）への継承を意味し、「兄弟の間で継承」とは、草壁皇子からその異母兄弟への継承をさすが、葛野王は兄弟相承を否定し、皇位は直系（嫡系）で継承されていくべきこと、すなわち珂瑠皇子の正統性を主張したのである。これに対して弓削《ゆげ》皇子が反論しようとしたが、葛野王が叱りつけたので黙ってしまった。持統天皇は、「そのひと言にて邦《くに》を定めた（葛野王のひと言が国を定めた）」といって大変喜んだという。

弓削皇子は天武天皇の子（母は天智天皇の娘、大江皇女。長《なが》皇子の同母弟）で、草壁皇子の異母兄弟にあたる。皇位は兄弟間で継承されるのが慣習となっていたことから、弓削皇子は自分たち兄弟の皇位継承権を主張しようとしたのであった。それが葛野王によって遮られ、天武天皇の諸皇子たちの皇位継承権は封じ込められてしまった。葛野王は天智天皇の孫というだけでなく、母が天武天皇の娘（十市皇女）であったから、天武天皇の孫でもあった。それだけに発言に重みがあったのである。

こうしてみると珂瑠皇子の立太子は、必ずしも群臣の一致するところだったわけではない。場合によっては否定される可能性もあった。それを持統天皇は、形式的にせよ群臣たちの合意を得たようにして、珂瑠皇子の立太子を正当化したのである。

皇太子の家政機関

葛野王の発言が、持統天皇の意を汲んでのものであったことはいうまでもない。のちに葛野王は正四位上に昇叙され、式部卿に任命されている。

珂瑠皇子の立太子にさいしてもう一つ留意されるのは、皇太子の家政機関として東宮坊が整備されたことである。春宮大夫（東宮坊の長官）・春宮亮（次官）以下の職員や東宮大傅（皇太子の輔導《ほどう》役）が任命されたのは、このときが最初である。これ以前の皇太子は、次期皇位継承者というより、天皇の補佐として国政に参画する立場が強かった。それを次期天皇としての立場を確立する皇太子制を法的に整備したのが、この措置であった。むろん、これも不比等の提案によるものであるが、のち律令の形成に深く関わることになる不比等の知略に舌を巻く。

持統天皇は兄弟継承という伝統に代わって、直系相承という新たな皇位継承のルールを認めさせ、皇太子制を整備することによって珂瑠皇子の地位と資格を確固たるものとしたのである。

立太子から半年後、珂瑠皇子は即位した。文武天皇である。即位とともに不比等の女、宮子が夫人として入内したのは、不比等との連携を誓う証しにほかならなかった。そして見逃していけないのは、持統天皇にとって珂瑠皇子の即位を実現した今、ようやく「壬申の乱」が終結したということである。思えば四半世紀にも及ぶ長い闘いであった。

第七章　譲位（697年～）

――『万葉集』に託されたメッセージ

阿紀神社（宇陀市大宇陀迫間）　一帯が、「東の野に」と柿本人麻呂が詠んだ安騎野と伝える

	持統関係	年齢	社会情勢
文武元（697）	**体調不良**	53	薬師寺において繡仏開眼供養
	珂瑠皇子立太子		
	譲位		
	文武天皇即位		藤原不比等の娘、宮子入内
文武2（698）		54	薬師寺の造営終了
文武3（699）		55	
文武4（700）		56	道昭没（火葬の最初）
大宝元（701）	大伯皇女没	57	斉明天皇・天智天皇の二陵を修造
	首皇子（聖武天皇）誕生		遣唐使の任命
	最後の吉野行幸		大宝律令完成

一　吉野讃歌

反古にした女帝の「不文律」

持統天皇十一年（六九七）八月、持統天皇は皇太子珂瑠皇子に譲位した。立太子から半年後のこと、文武天皇である。時に持統天皇は五十三歳、文武天皇は十五歳、前例のない年少天皇の誕生である。

もっとも、ここで見逃していけないのは、持統天皇にとって文武天皇は孫だということである。実子ではないが、女帝腹の系統であるという点では、直接的でないにせよ、女帝に求められた「不文律」（実子は排除する）に違背しているといってよい。持統天皇はそれらすべてを骨抜きにして、自らの執念を貫き女帝の役割を全うしたのである。その結果、女帝のありかたはこれ以後まったく違ったものとなる。その意味で女帝の歴史だけでなく、古代の皇位継承において持統女帝の果たした役割はきわめて大きいといえる。

持統天皇の譲位は珂瑠皇子が立太子したときからの予定の行動であろう。八年間も皇太子の地位にありながら即位できなかった草壁皇子の轍《てつ》を踏まないためであるが、それにしても半年後とは早すぎないか。そんなことから、わたくしは、この前後持統天皇が病気に臥せっているのが気になって仕方がない。

『日本書紀』によればこの年六月、持統天皇の病気平癒を祈って仏像が造られ、翌七月、薬師寺でその開眼会が行われている。そもそも薬師寺は、当時皇后であった鸕野の病気平癒を願って天武天皇が建立に着手したもので（六八〇年）、天武天皇没後、持統天皇によって完成されている。このたびは六月から造りはじめた仏像が完成し法会が営まれたというのであるが、譲位が行われたのはその三日後であった。してみれば病気が譲位の決断を早めさせたと見て間違いなかろう。

太上天皇の〝称制〟

前述したように、珂瑠皇子の擁立について群臣たちの合意を取り付けたとはいえ、その立場が微妙であったことに変わりはなく、できるだけ早い時期での譲位が望まれた。その意味で、自身の病気が格好の口実になったことは確かである。しかも珂瑠皇子の即位がそれまでの原則を破る、超法規的（譲位と年少天皇）なものであるだけに、その気運を盛り上げる必要があった。それが開眼会であり、仕組まれた可能性が高いと考える。直前の開眼会は譲位を実現するうえで、最高のパフォーマンスとなったに違いない。

譲位が慣例を破ってのものであっただけに、その後、持統は太上天皇として珂瑠皇子（文武天皇）を後見している。『続日本紀』（慶雲四年七月十七日条）には、「（太上天皇の持統は文武天皇と）並びまして、この天下を治めた」とあるが、事実上は譲位後も持統が政務を執ったと考えられる。太上天皇の〝称制〟といってもよい。それが、十五歳という年少天皇の擁立に合意を得るための唯一の手段であった。

吉野行幸の謎

これまで繰り返し述べてきたように、珂瑠皇子の即位は藤原不比等の協力なくして不可能であった。しかし、不比等がいかに無類な政治家であったとしても、即位に至るまでの持統天皇は、つねに不安に襲われていたと思われる。そのことを物語っているのが、在位中のたび重なる吉野行幸である（二一二〜二一三頁の表参照）。しかもわたくしが留意したいのは、譲位とともに行幸に終止符を打ち、『万葉集』の編纂に取りかかっていることである。すなわち『万葉集』の編纂と、在位中の吉野行幸とが密接に関わっていたということだ。そこで、まず吉野行幸の分析から始めたい。

それは九年間で三十一回（譲位後を加えると三十二回）に及ぶ。天武天皇の行幸が、盟約のための一度きりであったのとは対照的である。吉野が壬申の乱の出発点であ

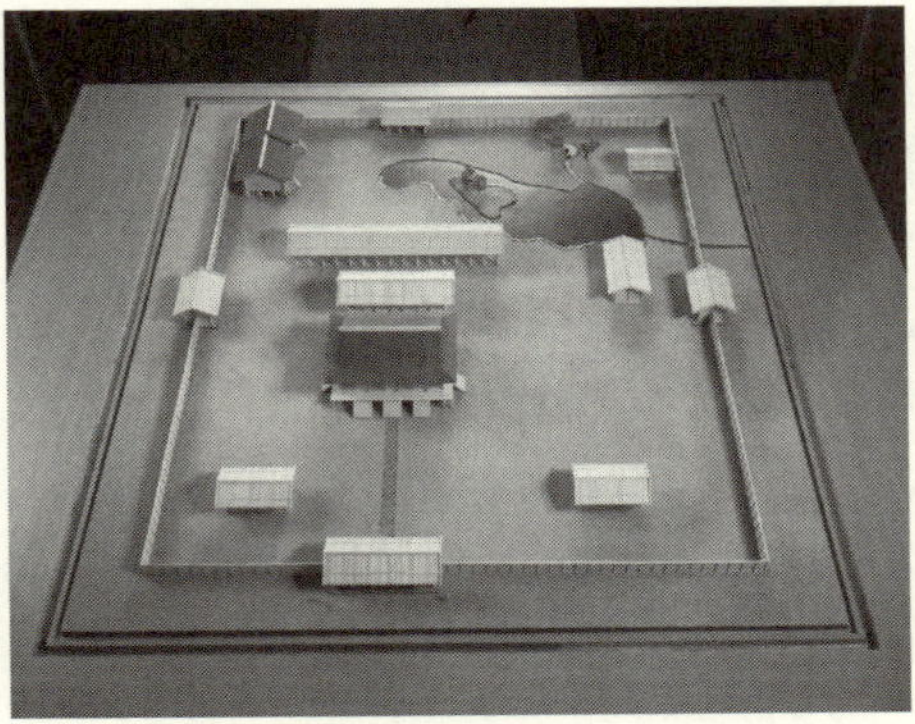

持統朝吉野宮復元模型（写真・吉野町歴史資料館）

	⑭ 10.12 ～ 10.19
持統 7 年 (693)	2.10 藤原京造営地で掘り出した遺骸を収公させる ⑮ 3.6 ～ 3.13 4.17 広瀬祭・竜田祭。諸社に祈雨 ⑯ 5.1 ～ 5.7 ⑰ 7.7 ～ 7.16 7.12 広瀬祭・竜田祭。同14日・16日諸社に祈雨 8.1 持統天皇、藤原宮地に行幸 ⑱ 8.17 ～ 8.21 9.10 天武天皇のために無遮大会を営む ⑲ 11.5 ～ 11.10
持統 8 年 (694)	1.21 持統天皇、藤原宮に行幸 ⑳ 1.24 ～ ? ㉑ 4.7 ～ 4.14(『書紀集解』による) 4.13 広瀬祭・竜田祭 7.15 広瀬祭・竜田祭 ㉒ 9.4 ～ ? 12.6 **藤原京遷都**
持統 9 年 (695)	㉓閏 2.8 ～ 2.15 ㉔ 3.12 ～ 3.15 4.9 広瀬祭・竜田祭 6.3 京及び四畿内の諸社に祈雨 ㉕ 6.18 ～ 6.26 7.23 広瀬祭・竜田祭 ㉖ 8.24 ～ 8.30 ㉗ 12.5 ～ 12.13
持統 10 年 (696)	㉘ 2.3 ～ 2.13 4.10 広瀬祭・竜田祭 ㉙ 4.28 ～ 5.4 ㉚ 6.18 ～ 6.26 7.8 広瀬祭・竜田祭 7.10 **高市皇子没**
持統 11 年 (697)	㉛ 4.7 ～ 4.14 4.14 広瀬祭・竜田祭 7.12 広瀬祭・竜田祭 8.1 **持統天皇譲位**
大宝元年 (701)	㉜ 6.29 ～ 7.10

○で囲んだ数字は行幸の回数を示す

持統の吉野行幸

年	吉野行幸
持統2年（688）	11.11 天武天皇を葬る
持統3年（689）	① 1.18 ～ 1.21 4.13 草壁皇子没 6.29 飛鳥浄御原令を施行 ② 8.4 ～ ?
持統4年（690）	1.1 持統天皇即位 ③ 2.17 ～ ? 4.3 広瀬祭・竜田祭 ④ 5.3 ～ ? 7.5 高市皇子を太政大臣に任命 7.18 広瀬祭・竜田祭 ⑤ 8.4 ～ ? 9.1 戸籍を造らせる（庚寅年籍） ⑥ 10.5 ～ ? 10.29 高市皇子、藤原宮地を視察 ⑦ 12.12 ～ 12.14 12.19 持統天皇、藤原宮地を視察
持統5年（691）	⑧ 1.16 ～ 1.23 4.11 広瀬祭・竜田祭 ⑨ 4.16 ～ 4.22 ⑩ 7.3 ～ 7.12 7.15 広瀬祭・竜田祭 8.13 18氏に各祖先の墓記を上進させる 8.23 竜田風神と信濃の須波・水内などの神を祭らせる ⑪ 10.13 ～ 10.20 10.27 新益京（藤原京）の地鎮祭 11.1 大嘗祭
持統6年（692）	1.12 持統天皇、藤原京の路を視察 4.19 広瀬祭・竜田祭 ⑫ 5.12 ～ 5.16 5.23 藤原宮の地鎮祭 6.30 持統天皇、藤原宮地を視察 ⑬ 7.9 ～ 7.28 7.11 広瀬祭・竜田祭 9.9 班田大夫を四畿内に派遣

り、天武天皇と持統天皇にとっての〝原点〟であったとしても、度がすぎるとの意見が出されるのも無理はない。

しかし、持統天皇の行幸を理解する手がかりが皆無というわけではない。行幸が始まるのは夫天武天皇の埋葬の儀を終えたあとからで、激増するのは称制していた持統天皇が正式に即位した翌月以後である。ちなみに、その前半期は行幸の前後に即位式や朝廷の大人事の発令、大嘗祭など大きな儀式や行事、あるいは行政に関わる重要な決定・判断のなされているのが目につく。吉野行幸が朝廷の儀式や行事などとセットになっていたことが知られよう。

行幸前後に広瀬社と竜田社に使者を派遣して大忌祭《おおいみのまつり》・風神祭を行っていること、行幸が藤原京の造営と並行していることも注目される。広瀬・竜田の両社は天武天皇の崇敬を受け、五穀豊穣を祈る国家祭祀に高められたものであり(一五八頁)、藤原京の造営は天武天皇の遺志を受け継いだものであるから、吉野行幸は、すべてが天武天皇と不可分の関係にあったということだ。

天武天皇の〝継承者〟

次に行幸した月の回数に注目すると、四回を数えるのが四月と八月で、このうち四月は草壁皇子の祥月命日(四月十三日)である。ついで多い五月は、天武天皇が持統天皇や草壁皇子たちを伴って吉野に出かけて誓いを立てた(吉野の盟約)月であり、十月は出家した大海人皇子

吉野行幸月

1月	①（3）　⑧（7）　⑳（?）
2月	③（?）　㉘（10）
閏2月	㉓（7）
3月	⑮（7）　㉔（3）
4月	⑨（6）　㉑（7）　㉙（6）　㉛（7）
5月	④（?）　⑫（4）　⑯（6）
6月	㉕（8）　㉚（8）　㉜（11）
7月	⑩（9）　⑬（19）　⑰（9）
8月	②（?）　⑤（?）　⑱（4）　㉖（6）
9月	㉒（?）
10月	⑥（?）　⑪（7）　⑭（7）
11月	⑲（5）
12月	⑦（2）　㉗（8）

（　）内は滞在日数、○で囲んだ数字は行幸の回数（1回目、2回目）を示す

が鸕野とともに吉野に入った月、六月は吉野から挙兵した月であった。

生涯最後の吉野行き（譲位後の一回）をその六月に実現したのは、六月が何にも代えがたい天武天皇との思い出の詰まった月だったからである。思い返せば生死を賭して脱出したのが二十九年前のこと、譲位を実現した今、吉野へはこれが最後と決めての行幸であったろう。滞在が十一日という長期に及んだのも、持統天皇の決意を物語る。生涯最後の吉野行きは、自らの役割を終えたことへの、いわば決別の儀式であった。

なお三回を数える一月の行幸は藤原京の造営に、七月（三回）・八月（四回）は広瀬・竜田の二社の奉斎や諸社への祈雨に関わってのことである。前述したように七月・八月の行幸についてはその前後に二社の祭礼が行われており、この二社は天武天皇がことさら崇敬していた。藤原京の造営も広瀬・竜田の二社も、すべては天武天皇と不可分であり、行幸はそれに関わってのものであった。

これまで恣意《しい》的と考えられてきた吉野行幸が、持統天皇にとってはいずれも重い意味を持つ月だった

ことが分かる。

天武天皇についで草壁皇子を失った持統天皇が、きわめて不安定な心情にあったことを考えると、吉野行幸は、いわれるように天武天皇を追慕し、為政者としての霊力を身につける〝たまふり〟であったといってよいと思う。吉野に身を置くことで、自身を奮い立たせては飛鳥に戻ってきたのである。しかしその一方で、行幸前後に天武天皇と不可分の行事や儀式が行われていることを考えると、長期に及んだ殯宮儀礼同様、天武天皇の継承者たることのデモンストレーションであったことも確かである。

「たまふり」の地

持統天皇にとって吉野行幸は、自身が夫天武天皇のあとをついだ国家統治者であることを表明する儀式であるとともに、吉野はこのうえない「たまふり」の地、霊地だった。何かに取り憑かれたかのような吉野行幸であるが、当時の持統天皇は、吉野に出かけるだけで心の安らぎを覚えたのであろう。

しかし、その吉野への行幸も譲位後はたった一度だけである。吉野行幸は、ひたすら珂瑠皇子への譲位（文武天皇の即位）を実現するために重ねられたのだった。

以上が、不可解とされてきた吉野行幸に対するわたくしの理解である。

それにしても驚かされるのは、行幸にかけた持統天皇の執念や情念の凄《すさ》まじさであり、それは天武天皇や草壁皇子に対する想いの強さを物語っていよう。そして見逃していけないのは、吉野行幸に見られたその執念が、譲位後の持統天皇を『万葉集』の編纂に駆り立てたのであり、持統天皇にとっては、それこそがまさに吉野行幸の政治的帰結だったのである。そうだとすれば、『万葉集』には天武天皇や草壁皇子に対する想いやメッセージといったものが投影されているに違いない。

次に、その『万葉集』に込められた持統天皇の想いを読み解いてみたい。

二　持統女帝と『万葉集』

「持統万葉」

『万葉集』は日本最古の歌集であり、全二十巻、四千五百首余りにも及ぶ膨大なものである。むろん一挙に出来上がったわけではなく、長い時間をかけて完成したものといわれている。したがってその成立過程は複雑であるが、成立論として、こんにちほぼ定説となっているのは伊《い》藤博《とうはく》氏の見解である。要約すると次のようになる。

①巻一（の原形）―「持統万葉」
　持統天皇が編んだもの。
②巻二（の原形）―「元明万葉」

持統天皇の意図を継いだ元明天皇が編んだもの。
③巻一・巻二の追加編纂——「元正万葉」
元正天皇が追加編纂し、巻一・巻二を完成したもの。
④巻三〜巻十六
聖武天皇時代、大伴家持《おおとものやかもち》らが完成したもの。
⑤巻十七〜巻二十
光仁《こうにん》から桓武《かんむ》天皇時代にかけて、大伴家持が完成したもの。

すなわち、『万葉集』二十巻は持統天皇が編んだ巻一（の原形）と元明天皇が編んだ巻二（の原形）が、次の元正天皇の手で追加改編されて完成、その後巻一・巻二を核にして増補され、八世紀末、光仁朝から桓武朝にかけて大伴家持によって現形の二十巻になったという。ちなみに氏は、現万葉集（二十巻）の核となった巻一・巻二（の原形）を「母体万葉」（あるいは「原万葉」）と称し、それぞれの巻を発案者にちなんで「持統万葉」（巻一）・「元明万葉」（巻二）と名づけている。

繰り返すと、『万葉集』の始まりは持統女帝の発意であり、持統の意を受けた元明・元正の母娘二人の女帝によって、いわゆる「母体万葉」が完成され、それを核にして現『万葉集』は完成されたというのである。「母体万葉」が三人の女帝によって完成されたということ、しかも成立時期はいずれの女帝も太上天皇（上皇）時代であると結論づけているのも、興味深い。

そうだとすれば、誰もが知りたいのは、『万葉集』の編纂を発意した持統天皇の意図であろう。真意は奈辺にあったのか。

この点については従来、ほとんど関心が持たれなかったようで、藤原朝に至るまでの宮廷の発展を「歌」によって示そうとしたというのが大方の見方となっている。確かに『万葉集』に収められた歌の題材を見ると、そうした一面があったことも否定はできない。しかし、これまで述べてきた天武天皇や草壁皇子・文武天皇に対する持統天皇の情念や想いを考えると、それだけが編纂の理由であったとは、とうてい思えない。『万葉集』には、生涯をかけて貫き通した持統天皇の執念といったものが凝縮されているに違いない。

そこで、持統天皇が『万葉集』を編纂した動機や意図を明らかにするために、「母体万葉」について基本的な事柄を確認することから始めたい。

「母体万葉」の特徴

「母体万葉」（巻一・巻二）には、巻三以下には見られない特徴がある。それは、歌が各天皇ごとに分類され、ほぼ年代順に配列されていることで、さながら「歌による天皇列伝」といってもよい。そこで想起したいのが、天武天皇が編纂に着手した『古事記』や『日本書紀』（以下、記紀と記す）との関係である。いうまでもなく、それらは年代の順を追って書くという体裁をとっている（『古事記』の完成は七一二年。『日本書紀』の完成は七二〇年）から、「母体万葉」の時代区分は記紀に通じる時代観であり、持統天皇が記紀を意識して編纂したことは間違いない。そのことは歌の題材を見ても明らかである。

「母体万葉」に収められた歌には、公的行事や政治的事件などを詠んだものが目につく。たとえば藤原遷（造）宮歌、吉野・紀伊《きい》などへの行幸歌、宮廷でのハレの行事をはじめ、有間皇子の変、大津皇子の事件など、正史である『日本書紀』の記述と重なる題材が少なくない、というより、書紀の記述を補うものとして注目されている。そんなことから考えると、『万葉集』は持統天皇（元明や元正女帝）の個人的趣味から集めた歌集ではありえない。当時進められていた記紀の編纂に並ぶ文化事業であったことを思わせる。『古事記』が天皇家を中心にした国土統治の「歴史」、『日本書紀』が国家の形成史（いわゆる正史）だとすれば、『万葉集』は歌による「王権（天皇家）の歴史」、いわば「皇位継承の歴史」を明確化するために編纂されたと、わたくしは考える。そのことは歌が年代順ではあるが天皇名ではなく、「××の宮御宇《みやにあめのしたしろしめす》天皇代《すめらみことのみよ》」という標目によって配列されている点からも知られる。記紀とは異なる標目で、それは「母体万葉」の際立った特徴にもなっている。

王権の歴史

じつは宮都について当時、歴代遷宮《れきだいせんぐう》と呼ばれるわが国独自の慣行があった。天皇ごとに都を改める慣習で、大化改新後、難波に遷都した孝徳天皇を「難波宮治天下天皇《なにわのみやにあめのしたしらしめししすめらみこと》」と呼び、また天智天皇を「近江宮治天下天皇」とも追称するのがそれで、その天皇が営んだ宮都名を冠して称号としたのである。宮都＝王権所在地と天皇（権力）とが不可分の関係にあったからで、「母体万葉」においてその宮号を基準にしたのは、それによって王権継承（皇位継承）の系譜を明示し、その正統性を強調するためであったと考える。壬申の乱で凱旋した大海人皇子が、斉明天皇の（後）岡本宮に入ったことの意味が想起されよう。宮号を標目とした『万葉集』を、歌による「皇位継承（王権）の歴史」と見る理由である。

宮別の歌数

巻一		巻二			
雑歌	雄略　1首	相聞	仁徳　6首	挽歌	
	（12代欠）		（21代欠）		
	舒明　5首				
	皇極　1首				
	斉明　8首				斉明　6首
	天智　6首		天智　12首		天智　9首
	天武　6首		天武　2首		天武　7首
	藤原宮代　56首		藤原宮代　36首		藤原宮代　65首
	（寧楽《なら》宮代1首）				（寧楽宮代7首）

　ただし記紀とは異なり、全天皇の時代が網羅されているわけではない。むしろ、欠落している天皇（時代）のほうが多い。たとえば巻一（全八十四首は「雑歌」の巻）では、冒頭に雄略《ゆうりゃく》天皇（記紀では第二十一代天皇）の御製を掲げるが、その後舒明朝の歌まで十二代の空白がある。巻二（全百五十首）でも「相聞」（五十六首）の巻では冒頭に仁徳《にんとく》朝（記紀では第十六代天皇）の歌を掲げ、そのあと二十一代の空白を置いて天智朝の歌を収めている。「挽歌」（九十四首）の巻は冒頭の

斉明朝の歌に始まり、藤原朝（藤原宮時代）まで六代の天皇朝の歌を掲げるだけである。「雑歌」「相聞」「挽歌」を三大部立《ぶたて》（『万葉集』の分類上の名称）といい、したがって巻一（雑歌）・巻二（相聞・挽歌）の両巻合わせて一巻としての体裁を整えることになる。

こうしたことを見ても「母体万葉」が作為的であり、ある種の意図を持って編纂されたことは明白であろう。とくに前頁の表から明らかなように、巻一・巻二の三部立のすべてに天智・天武・藤原宮（持統・文武・元明）代の歌が収められているだけでなく、それぞれの部立で占める割合も八〇パーセント以上と圧倒的に多い。そのなかでも藤原宮代の歌数の多さは無類で、しかも持統朝と元明朝を中心とする二つの歌群が形成されていることが特徴となっている。「母体万葉」が編纂の対象としたのは天智・天武朝から藤原宮に至る時代で、とくに力点が置かれたのが持統朝と元明朝であったことは間違いない。

「母体万葉」は魂の叫び

記紀と並行して編纂された「母体万葉」は、天智・天武朝以来の「天皇（家）の歴史」を歌によって書きとどめようとしたものというのが、これまでに述べたわたくしの考えである。すなわち近江朝を倒して即位した天武天皇を顕彰し、草壁皇子を皇太子に立て、その草壁皇子亡きあと、嫡子の文武擁立を実現することによって、皇位の嫡系継承（天武→草壁→文武）が確立された。この文武天皇に至るまでの皇位継承の正統性を明らかにし、それを歌で綴《つづ》ったのが「持統万葉」（巻一）である。そして文武天皇亡きあと、文武天皇の嫡子聖武の擁立を実現するために即位した元明女帝は、持統天皇の意を忠実に受け継いで「元明万葉」（巻二）を編纂する。「元明万葉」は、いわば「持統万葉」の続編である。

こうして見ると「母体万葉」（持統万葉・元明万葉）には持統天皇の考えや思想が色濃く反映されており、その意味では「天皇（家）の歴史」であるとともに、「持統天皇（家）の歴史」ともいえよう。

そもそも文化や伝統の継承を文字に頼らなかった当時、歌は人びとにとっての表現手段であり、魂の叫びを伝える方法でもあった。声に出し節をつけて詠うことで、さまざまな機能が発揮されると信じられていたのである。持統天皇はそうした伝統を持つ歌の力に期待を寄せたのであり、それが『万葉集』であったと考える。

譲位後の持統は、それまでたび重ねた吉野への行幸に終止符を打って『万葉集』の編纂に取りかかっている。持統にとっては、『万葉集』の編纂と吉野行幸とは一連のものだった。持統の情念の凄まじさとそのエネルギーには、あらためて驚かされる。

持統の吉野行幸について、『万葉集』との関わりで理解するという視点はこれまでほとんどなかったように思うが、この二つが一連の行為だったとすれば、『万葉集』（「母体万葉」）には行幸と同様、天武天皇や草壁皇子に対する想いやメッセージが込められているに違いない。それは何であったのか。

歌番号	作者	
二八	持統	「御製」
二九～三一	柿本人麻呂	「近江の都の歌」
三二～三三	高市古人	
三四	川島皇子	※「紀伊行幸」
三五	阿閇内親王	
三六～三九	柿本人麻呂	※「吉野行幸」
四〇～四二	柿本人麻呂	※「伊勢行幸」
四三	当麻真人麻呂	
四四	石上大臣	
四五～四九	柿本人麻呂	「安騎野の冬猟歌」
五〇		「藤原宮役民の歌」
五一	志貴皇子	「藤原遷都の歌」
五二～五三		「藤原宮御井の歌」

（※は持統天皇が行幸）

『万葉集』における持統朝の歌（26首）の配列

「持統万葉」の配列

伊藤博氏が提唱した「母体万葉」の一つ、巻一（「雑歌」）の巻、八十四首。ただし「寧楽《なら》の宮」と名づけられた八四の歌は、さらにのちの追補と見られており、本書では考察から除外する）は前半部と後半部に分けられ、後半部（五四～八三）は元明（あるいは元正）時代の追補であるという。すなわち持統が編纂したのは前半部（一～五三）の五十三首で、これがいわゆる「持統万葉」（『万葉集』の原形）である。

その「持統万葉」において留意されるのは、多数を占める藤原宮代の歌（五十六首）のなかでも、持統朝の歌がほぼ半数（二八～五三の二十六首）を数えることで、持統は自らの時代を中心にすえて『万葉集』の編纂を行ったということだ。

自らの時代を『万葉集』に刻もうとした持統、その真意は奈辺にあったのか。

手がかりは、持統朝の歌二十六首の配列にある。右の表から明らかなように、冒頭は御製（二八・香具山眺望歌）であり、末尾は「藤原宮御井《みい》の歌」（五二〜五三）で、その間に国見・行幸・遷都など、おもに公的行事や儀式に関わる歌が配列されている。具体的に考えてみる。

まず冒頭の御製、「春過ぎて夏来《きた》るらし」の初句で知られる「香具山眺望歌」については、香具山を眺望した持統が、「白栲の衣を干した」光景を見て四季の変化を詠んだものと解釈されることが多い。しかし現実に「衣を干した」（そもそも神聖な香具山に衣を干すとは思えない）光景が目に入ったとも思えないことから、「白栲の衣」を「衣替えの衣」ではなく、ミソギのための斎衣（浄衣）と見る意見がある。そうだとすれば、御製はたんに季節の推移を詠んだというだけでなく、持統が自らの心情を浄衣に見立てて詠ったことになろう。御製が詠まれたのは即位前後の頃と推察されているから、天武天皇についで愛息草壁皇子を失った悲しみを喪服から斎衣に替え、新たに政務に取り組もうとする持統の並々ならぬ決意である。したがって即位前後のこの御製は、譲位直前に詠まれた末尾の「藤原宮御井の歌」と首尾対応する。その意味で、持統朝の最初の歌としてこれ以上ふさわしいものはない。見事な構成である。

行幸歌

御製に続く行幸歌についても、計算された配列であることに留意したい。最初の近江大津宮は、いうまでもなく白村江の敗戦後、持統の父天智天皇が造営した都である。夫大海人皇子

（天武天皇）、息子草壁皇子とともに飛鳥から遷った持統が、吉野に隠遁するまでの四年間、親子三人で過ごした地で、持統の生涯のなかではもっとも平穏な日々であったろう。持統にとっては〝家族の形見〟ともいうべき都であった。持統自身が行幸したわけではないが、廃墟《はいきょ》となった都を回想して柿本人麻呂と高市古人《たけちのふるひと》が詠んだもので、いわば鎮魂歌であったと理解されている。こうした大津宮時代を御製のすぐあとに配置したことの意味はきわめて大きいと考える。「近江の都の歌」のあとに配列される紀伊・吉野・伊勢への行幸歌もまた、持統にとっては必須のものであった。紀伊行幸は持統天皇四年（六九〇）九月のことで、同行した川島皇子（山上憶良《やまのうえのおくら》の作とも）と阿閇内親王（のちの元明天皇）の歌が収められている。前年四月に皇太子草壁皇子が急逝し、持統天皇が正式に即位したのがこの年正月、それから八ヵ月後の行幸であったが、勢能山《せのやま》（背の山）を越えるときに阿閇内親王は、「これやこの大和にしては我が恋ふる紀伊道《きじ》にありといふ名に負ふ背の山」（これがあの大和で常々私が見たいと思っていた、紀州路にあるという有名な背の山なのか）と詠んでいる。「背（の）山（兄山《せやま》）」（和歌山県伊都《いと》郡かつらぎ町）は紀ノ川の北岸にある二〇〇メートル足らずの小山である。畿内の南限とされる「紀伊の兄山」に比定され、大和から紀伊に向かう途中にあった。阿閇内親王が詠んだ「背の山」には、むろん亡き夫（「背」に「夫《せ》」が投影されている）草壁皇子を偲び、その想いが重ねられている。それは持統にとっても同様であり、持統もまた夫天武天皇を偲び、草壁皇子の面影を追い求めた「背山」越えであったに違いない。「近江」に続くこの行幸歌は、天武・草壁父子を際立たせる見事な配列となっている。

次の吉野行幸（讃歌《さんか》）の重要性については、あらためて述べるまでもあるまい。柿本人麻呂が行幸に従ったときに詠んだもので、二組の長歌《ちょうか》・短歌で構成されている。前の一組では供奉《ぐぶ》する大宮人で賑《にぎ》わう吉野宮を「水激《みなそそ》く滝の宮処《みやこ》は見れど飽かぬかも（水流の激しい滝の都は、見ても見飽きることがない）」と讃え、あとの一組では、持統天皇が吉野に高殿を建てて国見をする様子を、「山川も依《よ》りて仕ふる神の御代《みよ》かも（山や川の神までもお仕えする尊い神の御代である）」と讃美している。いずれも天武・持統の吉野宮を絶賛したものである。吉野が天武天皇と持統天皇にとっての〝原点〟であったことについては繰り返し述べてきたが、この吉野讃歌は二人の足跡の記念碑ともいうべき歌群であった。

最後の伊勢行幸は持統天皇六年三月のことで、人麻呂（ただしこのときは従駕《じゅうが》せず、京に留まっている）らの歌が収められている。行幸は壬申の乱に関係深い伊賀・伊勢の豪族たちを慰撫《いぶ》するためであったが、そのさい持統天皇は、農時にあたるところから再三、中止を求めた中納言三輪朝臣高市麻呂《みわのあそみたけちまろ》の諫言を振り切って出かけている。天武天皇は即位後、伊勢神宮を「皇室の祖先神」「国家の宗廟」として位置づけるとともに、天皇に代わって奉仕する斎王の派遣を制度化するなど、伊勢もまた天武・持統にとってはかけがえのない土地であった。そして天武天皇によって着手された伊勢神宮の整備造営工事が、ほぼこの頃に出来上がっていたといわれている。持統天皇にとっては、何が何でも出かけなければならなかった理由である。

こうした一連の行幸歌のあとに配列されているのが「安騎野《あきの》の冬猟歌」である（巻一―四五～四九）。かつて草壁皇子がここで狩りをしたのにならって、珂瑠皇子もまた冬猟に出かけたときの様子を詠ったものであるが、それは持統天皇が演出した生涯最大のセレモニーであった。その後に配列された「藤原宮」歌を先に分析したうえで、「冬猟歌」について詳述することにしたい。

藤原宮の讃美

持統朝の歌二十六首の末尾は、「藤原宮役民の歌」「藤原宮御井《みい》の歌」を中心に構成されている。柿本人麻呂の作かといわれる「藤原宮役民の歌」は、近江の田上山《たなかみやま》から切りだした木材を藤原京に運んだ人夫たちの、厳しい労働ぶりが描写されたものであり、「藤原宮御井の歌」は作者不詳であるが、藤原宮の素晴らしさを高らかに詠いあげ、そこにあったという御井の清水の永遠を願った予祝歌である。留意されるのは、歌の中で、持統天皇が「日の御子」すなわち神の子孫であるとして讃美され、持統天皇が造営した藤原宮を最大限に寿《ことほ》いでいることである。天武・持統にとっての聖地である吉野（山）についても、「名ぐはしき吉野の山は影面《かげとも》の大き御門《みかど》ゆ（名も妙《たえ》なる吉野の山が、南面の大御門のはるか向こう、雲の彼方《かなた》に連なっている）」と詠み込まれており、吉野から出発した二人にとって、藤原遷都がその終着点であったことを強くイメージづけている。

繰り返すことになるが、藤原遷（造）都は、持統天皇が天武天皇の遺志を受け継いだなかでの最たる事業であった。造営は持統天皇が即位した翌年から着手されたもので、遷都の最大の目的は大極殿を正殿とする朝堂院を造り出し、国家儀礼の場として整備することであった（一九四頁）。朝堂院の創設は、天武天皇が急テンポで進めていた儀礼制度を整備するうえで中心となるものであり、藤原遷（造）都は律令国家の完成をめざした天武天皇の悲願でもあったのだ。そうした藤原宮の讃歌を末尾に配列した持統天皇の真意は、痛いほどに伝わってこよう。

このように巧みな構成を施したうえで、持統天皇は『万葉集』にメッセージを込めている。それが「草壁挽歌」である。

三　草壁皇子の挽歌

人麻呂の歌

「草壁挽歌（草壁皇子の殯宮挽歌）」は持統天皇の命によって柿本人麻呂が作った歌を中心に、巻二（一六七〜一九三）に収められている。収められているのが巻二、いわゆる「元明万葉」であるのを奇異に思うかもしれないが、「持統万葉」が編まれたとき、巻一・巻二（母体万葉）の大半の歌はすでに存在しており、持統天皇の意思を受け継いだ元明天皇は、それらを挽歌として編纂したのであった。

それはさておき、草壁皇子の人柄や事蹟については、正史である『日本書紀』にはほとんど記されてはいない。五年間も皇太子の地位にありながら、その死についても、「皇太子草壁皇子尊薨《こう》ず」（持統天皇三年四月十三日条）と記すだけである。ところが挽歌は二十六首（ほかに或本一首）の歌が詠まれている。天智挽歌（天智の殯宮挽歌）が七首、同じく天武挽歌が四首であるのに比しても圧倒的な数であり、ほかに例がない。こうした記録破りの歌数にも、持統の悲しみの深さをあらためて思い知らされる。

草壁挽歌の特殊性は歌数だけでなく、構成のうえからも注目されている。なかでも人麻呂の挽歌（長歌）は、前半と後半とで詠われている主人公が異なるからである。

すなわち前半の主人公は天武天皇で、天地開闢《かいびゃく》から詠い起こし、天照大神が天上を統治したあと、神々の使いとして下された「日の皇子《みこ》（日の神＝天照大神の御子）」天武天皇が「飛鳥の浄《きよみ》の宮（飛鳥浄御原宮）」に神として自らが宮殿を営まれ、葦原の瑞穂の国（地上）は代々の天皇が統治すべき国だとして、「神」のままで天上に昇ってしまわれた、という内容である。

これに対して後半は、「わが大王《おおきみ》」である「皇子《みこ》の命《みこと》」草壁が即位して「天《あめ》の下」を治めておられれば立派な世の中となったであろうに、即位せずに亡くなられてしまい、宮人たちは途方に暮れている、と草壁皇子への切なる哀惜の情を詠いあげている。このあと人麻呂の反歌二首以下、草壁皇子に仕えていた舎人たち二十三人の慟哭歌が続く。それは草壁皇子の人となりを彷彿《ほうふつ》とさせる熱唱となっている。

〝神〟になった天武天皇

先述したように、人麻呂の挽歌が注目されるのは、草壁皇子の挽歌でありながら前半が天武天皇の讃歌ともなっているからだが、大事なのは、そこで天武天皇が「神」とされ、地上（日本の国）の創始者とされていることである。そして、その天武天皇が天界に帰ってしまったので天武天皇（神）の子、草壁皇子が初代天皇となってわが国を統治するはずであったと詠われているのが後半である。明らかに、わが国の皇統譜が草壁皇子から始まることを示したものである。しかし、皇統の始祖を草壁皇子とするのはいかにも奇異であろう。

これまで繰り返し述べたように、草壁皇子は天武天皇と持統天皇の嫡子として立太子したが、皇太子のまま没し、即位はしなかった。皇統の始祖をいうのであれば、当然ながら壬申の乱に勝利し、古代国家の基礎を築いた父の天武天皇をこそ持ち出すべきではないか。その天武天皇は、この挽歌で「神」とされているのである。

むろん、これは持統天皇の意を汲んだ柿本人麻呂によって生み出された思想であった。人麻呂が、「日の皇子」という表現をはじめて用い、その対象を天武天皇に重ねたのがこの挽歌である。いうまでもなく、それは天武天皇を現人神として崇敬し畏敬の念を示すためであった。

その意味では、いわゆる天皇の神格化は『万葉集』においてはじめて見られたものであり、持統・人麻呂によって形成された観念といってよい。しかも大事なのは、挽歌においてわが国の「天皇」が「日の神」の子孫として位置づけられていることで、その「天皇」こそ天武天皇（日の皇子）の子、草壁皇子にほかならない。それが草壁皇子を始祖とする「草壁皇統」を創出するため、持統天皇によって意図的に作り出されたことは明白である。持統天皇がもっとも腐心したのは、この点であったのだ。

草壁皇統の創出

じつは、持統天皇が孫の珂瑠皇子の擁立を実現するために、皇統の原点として強調したのは天武天皇でなく、草壁皇子であった。これについては以前に論証したことがあるので繰り返さないが、要するに、持統天皇が訴えたのは草壁皇子に始まる嫡系継承の正統性であり、珂瑠皇子がその草壁皇子の嫡子であるという点であった。というのも当時、皇位継承資格を持つ天武天皇の諸皇子やその子どもたちが、なお数多く存在していたからである。珂瑠皇子よりも天武天皇に近い世代である。そのため、下手に天武天皇の正統性を強調すれば逆効果となり、珂瑠皇子の立場を弱体化しかねなかった。天武天皇（の名）は持統天皇によって、意図的に避けられたものと思う。

それに加えて、天武天皇には〝汚名〟が付きまとっていた。天武天皇は、かつて出家し吉野に隠棲している。いったんは皇位継承者の資格を捨てた身であるにもかかわらず、天智天皇の子大友皇子を倒して即位した。天武天皇は、端的にいって皇位の簒奪者であり、それは人望を失いかねない致命的な汚点であった。そのことを誰よりも強く自覚していたのが持統天皇である。それが、天武天皇を「神」として祭り上げることによって、すべてが帳消しにされた。「草壁皇統」は、こうして創出されたのである。

以上が、「草壁挽歌」において天武天皇が日本の国を創った「神」に仕立てられ、その皇子である草壁皇子が皇統の始祖とされた理由である。そして大事なのは、草壁皇子が「日（神）の御子」である天武天皇の嫡子だということが、草壁皇子の立場を正統化し権威づける根拠ともなっている点である。皇太子のままで没した草壁皇子は、こうした手続きを経ることによって、名実ともに皇統の始祖に位置づけられたといってよい。

持統天皇の悲願

こうしてみると、母体万葉において「草壁挽歌」の持つ意味が、いかに重要であったかが知られる。それは、草壁皇子を天武天皇の正統な後継者として位置づけるだけでなく、父である天武天皇自身の正統性を表明する根拠ともされ、それが天武天皇に対する畏敬の念を生み出す力とさえなっているのである。

繰り返すことになるが、草壁皇子を皇統の原点とする、いわゆる「草壁皇統」の観念は、持統天皇によって生み出された。持統天皇の悲願である珂瑠皇子を擁立するためのこれが第一段階とすれば、第二段階は、草壁皇子から珂瑠皇子への皇位の授受をどのような形で実現するかということであった。草壁皇子の場合は、当時皇太子という立場から官人たちを率いて天武天皇の殯宮に奉仕することによって（六八七年）、天武天皇の後継者であることをアピールしたが、珂瑠皇子の場合は簡単ではない。父草壁皇子が没したとき、わずか七歳、立太子もされていない身であり、殯宮儀礼によって政治的立場を強調するには幼すぎた。しかも、その草壁皇子は即位はしていない。皇位継承における珂瑠皇子の立場が、草壁皇子以上に困難とされた理由である。

そこで重要な意味を持つのが、『万葉集』に収める有名な「安騎野の冬猟歌」であった。

安騎野の冬猟歌

「安騎野の冬猟歌」は、珂瑠皇子が安騎野に旅宿りしたときに柿本人麻呂が作った長歌一首と、短歌（反歌）四首から構成されている。持統天皇六年（六九二）か七年頃の冬のことで、珂瑠皇子は十歳か十一歳、立太子（六九七年）以前であった。亡き父草壁皇子が、かつて冬の安騎野で狩猟をしたことにならったものであるが、むろんそれだけが目的だったわけではない。そのことは、長歌に続く四首の短歌に段階的に示されている。

すなわち短歌の一首目（四六）は、安騎野に野宿している供奉の者たちが、「いにしへ」のことが思われて眠れないと詠い、第二首（四七）では安騎野にやってきたのは「過ぎにし君」の「形見」の地であるからだ、という。その「過ぎにし君」すなわち亡き草壁皇子への思いに眠れない夜が明け、第三首（四八）の「東《ひんがし》の野にかぎろひの立つ見えてかへり見すれば月かたぶきぬ」と詠う。知られるように、この歌は東の野に曙《あけぼの》の光が立ち上がり、振り返ると月が西の空に輝いているという、まさにその一瞬を詠んだものである。そして続く第四首（四九）で、かつて草壁皇子が安騎野で狩をした「時」が、今まさに「来向《きむか》ふ」と締めくくっている。

あらためて述べるまでもなく、この短歌四首は安騎野到着から翌朝の狩が始まるまでの時間的経過にそって配列されている。一行が旅宿りをした安騎野は、こんにち阿紀《あき》神社（宇陀市大宇陀迫間《うだはざま》）が鎮座する一帯の山野といわれており、かつて壬申の乱の挙兵にさいして吉野を出発した天武天皇（大海人皇子）一行が、陣容を整えたところであった。すなわち天武天皇は、事が急であるため鸕野らわずか四十人ほどで出発せざるをえなかったが、その天武天皇のあとを追って来た大伴連馬来田《まくた》らと合流したのがこの地であり、それによって猟師たちを味方につけ馬の入手にも成功し、一挙に進軍できる体制が出来上がったのである。

天武天皇は「吉野の盟約」を果たした翌年（天武天皇九年）三月、この安騎野に行幸しているが、それは天武にとって安騎野が、吉野とともにかけがえのない土地だったからである。のち草壁皇子も、わざわざこの安騎野に出かけて遊猟している（『万葉集』巻二―一九一）。天武天皇を勝利に導いた記念すべき場所であり、亡き天武天皇の「形見」の地であったことに加えて、それが天武天皇の後継者であることを印象づける、いわばデモンストレーションでもあったからである。とすれば、立太子前の珂瑠皇子が安騎野を訪れた理由も理解されてこよう。それは、立太子＝草壁皇子の皇位継承者たることの条件作りだった。

天皇霊の授受

ちなみにこの冬猟歌については、白川静《しらかわしずか》氏の解釈が通説となっている。すなわち、珂瑠皇子の安騎野行きは、持統天皇が、急逝した草壁皇子の霊を呼び起こして、それを珂瑠皇子に受霊させるために満を持して計画したもので、安騎野はそのために選ばれた場所だったというのである。また「東の野に」の歌についても、東に曙光《しょこう》が輝きはじめたときに、ちょうど西に月が傾くという払暁の光景が出現するのが持統天皇六年（六九二）十一月十七日の冬至前後であると推定し、そこから安騎野では天皇霊の授受、すなわち大嘗会《だいじょうえ》（古代では冬至前後に行われた）に匹敵することが試みられていたと解釈している。古代では冬至を新生の日とみなし、亡き天皇霊を継承する祭儀が大嘗祭であると考えられているからである。わたくしも氏の解釈に異論はなく、安騎野で天皇霊の授受が行われていたと見ている。

ただし、いくつかの点で氏とは異なった理解をする。

一つは、安騎野が選ばれた理由についてである。氏は、古代社会の特別な結界であったゆえに珂瑠皇子のために安騎野が選ばれたというが、先述したように安騎野は天武・草壁父子の記念碑的な場所であり、珂瑠皇子にとっては父祖の「形見」ともいうべき土地であった。冬猟の場所として選ばれた理由は、結界というよりも、父祖との関わりが第一義的であったとわたくしは考える。

二つは、霊の継承を、亡き草壁皇子から珂瑠皇子への受霊と理解するが、氏がいうように安騎野が霊の授受において特別な場所であったとしても、また亡くなった草壁皇子の霊を呼び起こしても、それが珂瑠皇子にとって意味のあることだったとは思えない。何よりもまず、皇太子のまま亡くなった草壁皇子の霊魂を〝天皇霊〟に昇華させることが前提条件であったと考えるからである。そのためには天武天皇の霊を呼び起こし、天武・草壁父子の一体化を実現させることが先決であり、その手続きを経ることで、はじめて天武天皇の霊を継承した草壁皇子は〝天皇〟となることができたのである。珂瑠皇子への接霊は、そのうえで完了するものであった。

こうした理解にたてば、「東の野に」の歌の解釈は通説——夜明け前、東方に輝く暁の光を成長に向かう珂瑠皇子、西に落ちかかる月を回顧される草壁皇子に見立てる——とは異なってくる。すなわち、『万葉集』のなかで草壁皇子は常に「月」に喩えられていることからすれば、「東の太陽」が天武天皇、「西の月」が草壁皇子ということになろう。ただし確証があるわけではない。そんなことから、「東の暁天の太陽」「西に落ちる月」を天武天皇・草壁皇子のどちらに見たてるにせよ、珂瑠皇子は、天武天皇と草壁皇子がオーバーラップされ二人の霊が融合するという空間に身を置くことによって、天武天皇と草壁皇子の間に継受された天皇霊に感応し、皇位継承者の条件を接受したものと考える。したがってそうしたことからわたくしは、四首目の短歌に見える「来向ふ」の意味を、天武天皇の霊を継承し終えた草壁皇子と珂瑠皇子との、合体がまさに完了しようとする瞬間をとらえたものと解釈する。安騎野はまさにそのために選ばれた場所であった。

そして大事なのは、この「安騎野の冬猟歌」においても天武→草壁→珂瑠（文武天皇）という皇位継承の正統性が明確に示されていることである。それこそが持統天皇の悲願であり、持統天皇の意を受けて安騎野に従駕した人麻呂は、それを見事に詠いあげたのであった。「母体万葉」のなかでも持統天皇の想いや願望がもっとも色濃く投影されているのが、先述の「草壁挽歌」と「安騎野の冬猟歌」であったといってよい。

歌で綴る王権の歴史

繰り返していうと、歌によって王権の歴史を綴ろうとした『万葉集』(「母体万葉」)は、つまるところ天武→草壁→文武という三代父子の王権を権威づけ、その正統性を書きとどめるところに本意があった。それは持統天皇の並々ならぬ執念によって実現したものであるが、しかしそれこそが持統天皇の生きた証しでもあった。

こうしてみると、『万葉集』は『古事記』や『日本書紀』の編纂と一連の文化事業として行われたものといってよいが、持統天皇にとってはそれもまた夫天武天皇の施策の継承であったと、わたくしは理解している。すなわち壬申の乱後、天武天皇は地方芸能の整備に乗り出している。天武天皇四年（六七五）二月には諸国の「能《よ》く歌う男女及び侏儒《しゅじゅ》・伎人《わざひと》」らの献上を命じている（『日本書紀』）。律令国家形成の一環として、地方芸能を天武天皇が国家に吸い上げようとしたもので、それらを掌握することで、天武天皇は国家体制の強化をはかろうとしたのである。

前述したように、文字が伝達手段として普及していなかった当時、歌は声を出して歌われることによって、さまざまな力を発揮すると信じられていた。記紀所収の歌謡に見られるように、古来、神や天皇に対して歌を奉ることが、臣従の証しとする伝統のあったことも知られている。その意味では、歌の持つ機能や力を結集した歌集である『万葉集』も、国家体制の確立に寄与する一環として編纂されたものと思う。

持統天皇は、文化事業においても天武天皇の継承者だったのである。

第八章　死没（702年）
――血脈の安泰を願った「大内陵」

天武・持統天皇陵（檜隈大内陵《ひのくまおおうち》）　夫の傍らで永遠の眠りについた持統天皇であったが……

	持統関係	年齢	社会情勢
大宝2（702）	東国行幸	58	遣唐使筑紫を出発
	没		天智・天武の忌日を国忌とする
大宝3（703）	火葬されて大内陵に合葬		
慶雲元（704）			遣唐使帰国
………			
文暦2（1235）	大内陵、盗掘される		
永仁元（1293）	大内陵、再度盗掘される		

一　「倭国」から「日本国」へ

三十年ぶりの遣唐使

持統は孫の珂瑠皇子（文武天皇）に譲位したあとも、自ら太上天皇として事実上、政治を執ったことについてはすでに述べた。その太上天皇時代のこととして注目されるのが、遣唐使の派遣（出発は七〇二年）である。天智天皇八年（六六九）の発遣以来、じつに三十年ぶりであったばかりか、それまで「倭国」と称していたわが国が、このときはじめて中国に対して「日本」の国名を用いたからである。『史記正義《しきせいぎ》』（張守節《ちょうしゅせつ》「五帝本紀」）に、「（則天《そくてん》）武后《ぶこう》、倭国を改め日本国と為《な》す」と記されている。

則天武后は唐の皇帝高宗《こうそう》の皇后で、高宗の死後即位した中国唯一の女帝である。その武后（時代）に国名の変更を認めさせたのは、日本側の遣唐執節使《しっせつし》（首席）の粟田真人《あわたのまひと》であった。真人は前年、大宝元年（七〇一）正月に任命され、翌年秋に中国に到着していた。大宝律令の編纂（七〇一年）を終え、新たな国家体制を完成させた日本は、これを機に小国であっても独立国家であることを、真人を通して中国側に提示したのであった。

むろん、それまで何百年も使用してきた「倭」を、何の前触れもなしに「日本」と改めると通告するのであるから、理解されず中国側で混乱が生じたことは容易に想像されるが、ここではこれ以上述べない。ともかく真人らの努力によって、「日本」の国名を認めさせることに成功したのである。真人の緊張感や気概といったものが伝わってくるようだ。

それは使節団の一員であった山上憶良（遣唐少録）においても同様で、目的を果たした一行が帰国を前に催された宴席で、憶良は次の歌を詠んでいる（『万葉集』巻一―六三）。

いざ子ども　早く日本へ　大伴の御津《みつ》の浜松　待ち恋ひぬらむ
（さあみんな、早く日の本の国、日本へ帰ろう。大伴の御津の浜辺の松も、われらの帰りを待ち焦がれていることであろう）

大伴の御津とは遣唐使の発着した難波（大阪）の津のことであるが、このとき憶良の立場は遣唐少録という使節団の末席にすぎなかった。その憶良でさえ、「倭国」ではなく「日本」と表記しているところに、その思い入れの強さがうかがえる。ただし、訓《よ》みは「早くヤマトへ」であって、「ニホン」ではない。「ニホン」「ニッポン」という音が定着するのはまだのちのことである。正確にいえば、「ヤマト」国の表記が「倭」から「日本」に改変することを通達したのである。

「天皇」号の成立

それはさておき、遣唐使が任命・派遣（出発したものの暴風雨で筑紫に戻る。七〇二年に再度出発）された大宝元年は、内外両面においてわが国が国家の仕組みを完成させ、自立した年であった。文武天皇が即位して四年、その間の政務は事実上、太上天皇である持統がとっていたことについては前述した。「日本」という国名の表記改変も、中国との外交関係のなかで持統が決断したものであったといってよい。むろん不比等の補佐、協力を得てのものであった。

ちなみに冨谷至氏によれば、国名「日本」が成立したのは、壬申の乱（六七二年）以後、すなわち天武朝においてだといい、それまで用いられてきた「大王《おおきみ》（王）」の称号が「天皇《すめらみこと》」に変わったのも天武朝であったとする。すなわち、白村江の敗北をきっかけにわが国は中国からの独立をめざし、臣従関係を意味する中国からの「王」の称号賜与を否定するなど、天智天皇から天武天皇にかけてその志向をいっそう強めていったというのである。そうだとすれば、中国側に独立を宣言した大宝元年の遣唐使の派遣もまた、天武天皇の遺志を継承するものであったといえよう。

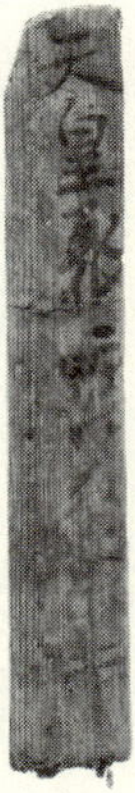

「天皇」木簡（飛鳥池遺跡）「天皇聚□弘寅□」と墨書する。天武朝の木簡が一緒に出土しており、「天皇」号は天武朝ですでに使用されていたと考えられる（写真・奈良文化財研究所）

ただし、真人が大役を果たして帰国したのは慶雲元年（七〇四）である。持統は遣唐使が出発した半年後に亡くなっているから、真人の帰国報告（『続日本紀』慶雲元年七月一日条）を聞くことはかなわなかった。しかし、すでに自らの役割を終えたことで安堵《あんど》していたに違いない。

最後の吉野行幸

話はさかのぼることになるが、大宝元年は持統にとって区切りの一年となった。遣唐使の任命から五ヵ月後、大宝元年六月、持統は吉野宮に行幸している。珂瑠皇子に譲位する数ヵ月前に出かけて以来四年ぶりの行幸で、譲位してからははじめてであった。それが六月であったのは、天武天皇との思い出の詰まった月だったからである（前述）。死を賭して吉野を脱出したのは二十九年前の六月で、その六月を選んで出かけたのは、思うところがあってのことと察せられる。

大宝元年には文武天皇の嫡子、持統にとっては曽孫の首皇子（のちの聖武天皇）も誕生している。持統は孫の珂瑠皇子の即位を実現した直後に、不比等の娘である宮子を文武天皇のキサキとした。このとき、紀竈門娘《きのかまどのいらつめ》と石川刀子娘《いしかわのとねのいらつめ》の二人も同時に入内しているが、立場は宮子の下位に位置づけられ、夫人である宮子が文武天皇の正妻とされた。旧族の石川氏や紀氏の娘を抑えて新興の藤原氏の娘、宮子が上位に配されたことは、文武天皇の即位に不比等がいかに尽力したかを示している。その宮子が首皇子を出産し、同じ大宝元年には不比等にも県犬養《あがたいぬかいの》三千代《みちよ》との間に安宿媛《あすかべひめ》（光明子《こうみょうし》）が誕生している。首皇子と安宿媛との婚姻は、すでにこのとき持統と不比等との間で約束されたものと見てよい。両者の絆、皇室と藤原氏との協力関係は婚姻を通して盤石なものとなった。

繰り返していうと、大宝元年は律令が完成し遣唐使を派遣してわが国の独立を宣言するなど、まさに新時代の到来を思わせた。そんなときに意を決して吉野に出かけた持統は、これが最後と決めての行幸であったように、わたくしには思われる。滞在は十一日に及んでいるが、吉野の地にたたずんだ持統の胸中に去来したのは何であったのか。吉野から帰って十日ばかりあと（七月二十一日）、「壬申の年」の功臣に食封《じきふ》を賜《たま》い、また亡き夫天武天皇が村国小依《むらくにのおより》ら十五人に与えた功封のうち、四分の一を子に伝えることを許している。むろん、これも持統の命によるもので、吉野に身を置くことによって壬申の乱を追懐し、その重さをあらためて確認してのことであったろう。

死を予知しての東国行幸

壬申の乱との関係でいえば、翌大宝二年（七〇二）十月十日、東国行幸に出かけていることにも留意したい。戻ってきたのが翌十一月二十五日だから、およそ四十五日の長旅であった。太上天皇として後見してきた文武天皇も即位して五年が経ち、二十歳になっていた。不比等を中心とする官僚体制も整い、自らの役割は終わりに近づいていた。長期間藤原京を離れることができたのは、そのことを持統が確信したからにほかならない。
行幸路は参河《みかわ》・尾張・美濃・伊勢・伊賀を廻《めぐ》り、通過国では国守・郡司らに位階を授けている。伊勢では、かつて夢に見た天武天皇の雄々しい姿を頼もしく思い浮かべたのではなかろうか。

印象的なのは、不破にも立ち寄っていることである。かつて、持統を桑名に残して大海人皇子（天武天皇）は不破に陣取り、そこで大友皇子の首実検をした場所であった。持統にとってははじめて訪れる地であったが、感慨深いものがあったに違いない。持統は不破郡の大領宮《みやの》勝《すぐり》木実《このみ》に外従五位下を授けている。

長期の行幸は、おそらく自身の死を予感してのものであったろう。最後に東国を訪ね、かつて訪れることのなかった不破の地を目に焼き付けたことで、生涯への決別の思いを強くしたように思われる。

こうしてみると、終わったはずの〝壬申の乱〟は、その後も持統の心に深く沈潜していたようである。『万葉集』の編纂に道筋をつけたあと吉野行幸、そして東国行幸と乱の足跡をたどっている。その行幸を終えたとき、持統はようやく乱の呪縛から解放されたのであった。

二　火葬

永遠の眠りにつく

大宝二年（七〇二）十二月十三日、持統は病の床についた。東国から戻って二十日ばかり後のことで、察するに、東国行幸は病を承知で強行したのであろう。持統の胸中を想うと、さすがに熱いものがこみ上げてくる。

病気平癒を祈願して大赦が行われ、百人の出家、読経などが相次いで施された。しかしその甲斐もなく同月二十二日、持統は生涯を閉じた。五十八歳であった。遺詔は、「素服（喪服）を着たり、挙哀《こあい》（死を悼んで泣き叫ぶ儀礼）をしないようにせよ。内外の文官・武官の職務は平常通り行え。葬送の儀礼は倹約にせよ」というものであった。

二十九日、遺体は藤原宮の西殿の庭に作られた殯宮に安置された。それから一年後、大宝三年十二月十七日、飛鳥の岡（明日香村）で火葬され、同月二十六日、夫天武天皇の眠る大内山陵（檜隈大内陵《ひのくまのおおうち》）に合葬された。諡《おくりな》（死後に贈る名。諡号《しごう》とも）は大倭根子天之広野日女尊《おおやまとねこあまのひろのひめのみこと》という。これは和風（国風）諡号で、持統というのは、のち天平宝字《てんぴょうほうじ》年間（七五七～七六五）に定められた漢風諡号である。

ちなみに持統の場合、一七や二七、七七忌の斎を寺院で設けているのは、明らかに仏教による葬送儀礼であり、遺体の火葬は天皇としてはじめて行われたものである。持統は生前、僧の道昭《どうしょう》に深く帰依していた。入唐《にっとう》して玄奘《げんじょう》に師事した僧侶である。先に述べた薬師寺繡仏《しゅうぶつ》開眼供養の講師を勤めたともいわれるが、道昭は二年前（七〇〇年）に亡くなり、遺言によって火葬された。わが国における火葬の最初といわれている。持統の火葬はその道昭にならったもので、いかに仏教に傾倒していたかが知られるのである。

盗掘

持統が夫天武天皇の眠る大内（山）陵に葬られたのは、天武天皇没後十七年のことである。合葬は持統の遺言によると思われ、天武天皇に寄り添いながら黄泉《よみ》に向かうことが持統の願いであったのだろう。はるか向こうに吉野の山並みが見渡され、持統にとってはこのうえない安らぎの陵地であったに違いない。

しかしそれが、無残にも打ち砕かれてしまった。盗賊によって陵墓が荒らされたのである。それは文暦《ぶんりゃく》二年（一二三五）のこと、持統が葬られて五百三十年ほど経った頃である。『百練抄《ひゃくれんしょう》』には、三月二十日（後述する「阿不幾乃山陵記《あおきのさんりょうき》」には同月二十日と二十一日の両夜と記す）に賊が大内山陵に穴を穿《うが》って入り、多量の金銀類を盗んでいったと記されている。また『帝王編年記《ていおうへんねんき》』には、その後南都や京都の人びとが、多数陵内に入って遺骨を拝んでいたとあるから、しばらくは放置され、内部にまで自由に出入りできた様子が知られる（四月十一日条）。

当時歌人として知られていた藤原定家《ふじわらのさだいえ》も盗掘のことを聞き、日記『明月記《めいげつき》』に、盗掘されたのは「大内山陵（天武天皇陵）」で、ほとんどが持ち去られ、残っていたのは白骨化した遺体と白髪だけであったようだと書き記している（四月二十二日条）。さらに二ヵ月後（六月）、今度は山陵を見た者から聞いたという僧暲尋《しょうじん》の話を記しているが、それによると山陵は埋め戻されたといい、賊は持統天皇の骨を路頭に遺棄して、骨を納めていた「銀筥」（銀の筥《はこ》）だけを盗んでいったとのこと、それを聞いた定家は、持統天皇は火葬によって塵灰《じんかい》になったとはいえ、その骨を拾い集めて元通りに安置すべきである、それがなおざりにされているのは悲しいことだ、と述べている（六日条）。

ちなみに犯人は、事件から三年後に逮捕されている。男三人、僧三人だったというが（『暦《りゃく》仁《にん》以来年代記』）、内裏に連行されていく様子を一目見ようと、見物の車が道路を埋め尽くしたという（『百練抄』暦仁元年二月七日条）。

山陵のその後の様子については記録がないので分からないが、盗掘後間もなくして埋め戻されたことだけは確かである。しかし定家が案じた通り、それは粗末で糊塗《こと》的な修復だったのであろう、事件から六十年後に再び盗掘されている。

そのことを記すのは鎌倉末期の公卿三条実躬《さんじょうさねみ》の日記『実躬卿記《さねみきょうき》』で、それによれば、永仁《えいにん》元年（一二九三）四月、天武天皇陵を盗掘したとして行広《ぎょうこう》法師が逮捕されている。興味深いのは、そのさい、行広が取ったのは「彼御頭（天武天皇の頭蓋骨）」だったと記されていることで、前回の盗掘でめぼしい財宝類がほとんどなくなっていたことを思わせる。

それにしても天武天皇の頭蓋骨を持ち出した行広は、それをどうするつもりであったのか、僧侶という立場から察して、しかるべき場所に安置して読経供養したと考えたいが、それはあ

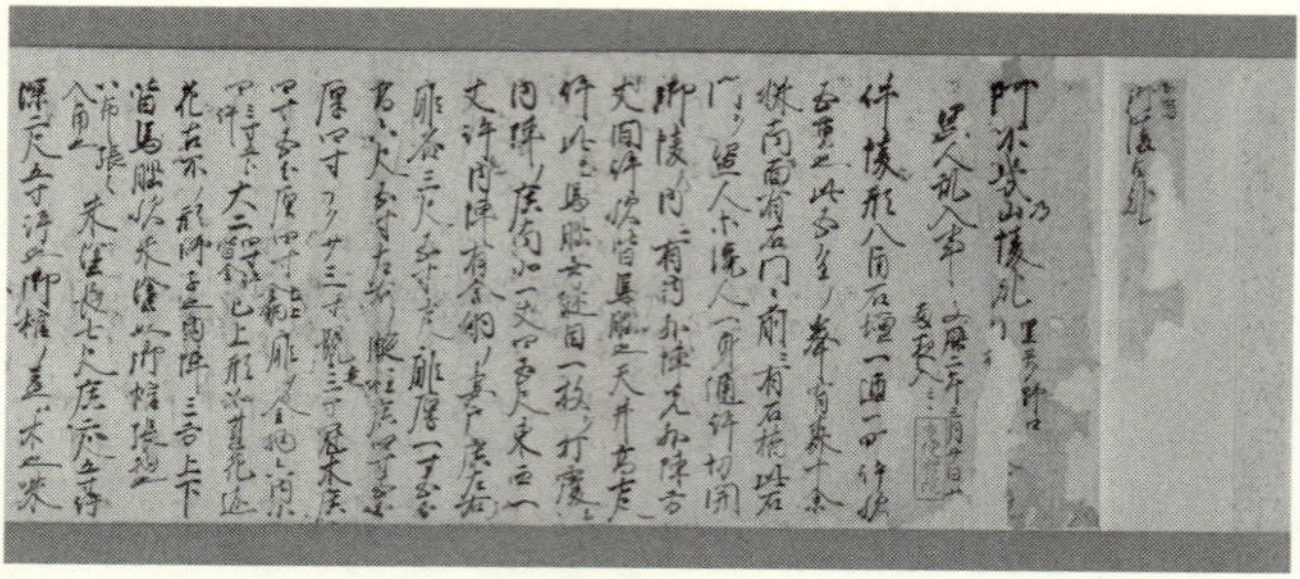

「阿不幾乃山陵記」巻頭（重要文化財）（写真・国立歴史民俗博物館）

りえない。

阿不幾乃山陵記

ともあれ、二度の盗掘に僧侶が関わっているのが気にかかる。そういえば、定家が話を聞いたのも暲尋という僧侶であった。偶然なのか、それとも僧侶たちが天武天皇陵に格別の思いを抱いていたのか、不明であるが、一度目の盗掘についてはそのさいの調書（実検記）が残されており、陵内の様相や埋葬状況などを具体的に知ることができる。「阿不幾乃山陵記」がそれで、記載内容から、盗掘された阿不幾（地名、青木）に存在する野《の》口王墓《ぐちおうのはか》（字名の野口は青木里とも呼ばれていた）が天武・持統陵であることが判明したのである。ただし、この調書はいつ、誰（筆者を、栂尾《とがのお》高山寺《こうざんじ》を開創した明恵《みょうえ》上人の弟子、定真《じょうしん》とする説もある）が、何のために書いたものなのか、といったことはいっさい明らかでないが、じつに生々しく詳細に記載されているのが興味をひく。

それによれば、山陵は八角形の五段築成（方墳）で南面に石門があり、盗人らはこの石門に人一人が通れるほどの穴を開けて入ったようである。内部は二部屋（内陣と外陣）に分かれていて、一枚岩の瑪瑙《めのう》で造られており、内陣（玄室にあたる）と外陣（羨道《せんどう》にあたる）とは、観音開きの金銅製の扉で区切られていた。ちなみに内陣の左右、上下の天上・床はすべて朱塗りで、天武・持統はそこに安置されていたのである。

また天武天皇の棺は木製で朱塗り、布張りで覆われており、首の骨は普通よりやや大きく、赤黒かったという。その他石帯《せきたい》は種々の玉、枕は金銀珠玉で飾られ、唐物《からもの》に似ていたともある。これらは盗人が手をつけず残されていたものであるが、調書によれば、それらを含め盗掘を免れたものはこのとき橘寺《たちばなでら》に移されたが、どれもこれも言葉では言い表せない豪華なものであったとも見える。

天武・持統天皇陵の墓室内の復原
天武天皇の棺（朱塗りの木製）のかたわらに持統天皇の遺灰（銀の骨蔵器）が安置されていた（写真・奈良文化財研究所）

持統天皇の遺骨については、一斗は入るほどの金銅製の桶《おけ》が礼盤《らいばん》のような台の上にすえられていたと記している。蔵骨器を納める外容器であろう、鎖が少々あったというから、鎖で台座に固定されていたと思われる。先の『明月記』には、銀の筥に入れられていた骨灰が道端に散乱していたとあるから、もとはその蔵骨器が外容器に包まれて内陣に安置されていたのである。ちなみに琥珀《こはく》の念珠は多武峰の法師が取っていったと記されているが、その念珠というのは持統の蔵骨器（金銅製の桶）に掛けられていたものではなかろうか。生前の持統の念珠だった可能性もあると、わたくしは見ている。

合葬を指示した持統の真意

ところで天武天皇と持統の合葬について異例であるのは、土葬（天武天皇）と火葬（持統天皇）の組み合わせということである。二人の場合は奥の内陣に並べて安置されていたが、夫婦あるいは血縁者を同じ棺や一つの墳丘に埋葬することは、中国・朝鮮では古くから行われており、なかでも夫婦合葬の事例は多いという。わが国でも夫婦合葬は安閑《あんかん》陵、宣化《せんか》陵、欽明陵などが知られるが、清家《せいけ》章《あきら》氏は、これらはかなり特殊な政治的事情によって埋葬されたものであって、一般的ではなかったと断じている。合葬に共通するのは、基本的には血縁（キョウダイ）関係によるというのである。そうだとすれば持統の合葬はたんに夫に寄り添いたいといった夫婦の情以外に、もっと重要なメッセージがあったのではないか、と思えてくる。すなわち「草壁皇統」の重みである。

前述したように、持統は珂瑠皇子（文武天皇）の即位を実現し、その正統性を確立するために「草壁皇統」を創り出し、それを強調した。草壁皇子を皇統の原点とする思想である。その結果、天武天皇は「神」に仕立てられたのであった。以来、天皇を「現人神」とする思想が生まれ、持統もその「神」として崇められたのであるが（『万葉集』）、皇統の始祖である草壁皇子は、紛《まぎ》れもなくその両「神」の子であった。その意味で天武天皇と持統の合葬は、「草壁皇統」の原点であり、それは草壁皇子の嫡子である文武天皇の正統性のシンボルでもあったのだ。文武天皇の権威を裏付けるうえで、これほど有効な措置はないであろう。持統が合葬を指示した背景に、文武天皇に対する深い配慮があったことを見逃すべきではない。

吉野の山並み　夫との思い出の詰まった吉野。持統天皇の魂は永遠にその吉野にある

吉野の山々

文武天皇の即位を見届け、持統にとっての〝壬申の乱〟が終焉したのが五年前、その五十八年の生涯は波瀾に満ちたものであった。しかし最後の〝勝利〟を手にした持統に思い残すことはなかったろう。「草壁皇統」のシンボルとして、そしてそれが永遠に続くことを願いながら、夫天武天皇に寄り添うよ

うにして持統は永《とこ》しえの眠りについたのであった、はるかかなたに連なる吉野の山々を見晴らしながら……。

あとがき

持統天皇についてまとめることは、女帝論を執筆して以来、わたくしが抱き続けてきた課題である。女帝のあり方が持統のときに変わっただけでなく、その後の皇位継承を大きく変換させ、そのことが奈良時代の政争と混乱を生み、国家のあり方を決定づける最大の原因となったからである。

持統天皇は、当時、皇位継承のうえで慣例となっていた「天皇は死ぬまで在位」「即位は三十歳以上」という二つの条件を一挙に打ち破り、孫の珂瑠皇子の即位を実現した。頼みとする愛息草壁皇子が二十八歳で急逝したため、自身が即位し、時に十五歳の珂瑠に譲位したのである。

そのさい、先例打破の拠り所とされたのが「天智天皇の詔」である。病床の天智天皇が、重臣たちにわが子大友皇子の即位を依頼した口勅で、『続日本紀』（慶雲四年七月十七日条）に、「天地と共に長く日月と共に遠く改《あらた》むまじき常《つね》の典《のり》」と見えるものである。この言葉（改めてはいけない常の典）を略して通常「不改常典《ふかいじょうてん》」と称しているが、持統天皇はこれを持ち出し、草壁皇子の嫡子、年少の珂瑠皇子への皇位継授受を実現するための論拠としたのである。天智天皇が、永遠に改めてはいけないと定められた皇位の「子孫（嫡子）への継承」に則って、草壁皇子の嫡子である珂瑠皇子（文武天皇）に譲位をしたというのである。

「不改常典」は、言葉としては持統天皇以後に出てきたものであるが、適用されたのは持統天皇のときが最初で、年少天皇が出現するきっかけとなった。いわゆる不執政天皇があらわれるようになるのは、これ以後のことである。そして大事なのは、これが適用されたことにより強烈な皇統意識が生まれ、皇統から女帝を排除するという、女帝の立場を制約する結果をもたらしたことである。具体的には持統天皇以後の女帝は、男子の即位を実現するためだけの存在、すなわち中継ぎ的立場となり、その後の皇位継承をきわめて窮屈なものにしていった。古代を通して、そのことが政治的トラブルの原因となった理由である。

こうしたことから明らかなように、良くも悪くも、持統天皇を抜きにしたわが国の古代史はありえない。わたくしが長年、持統天皇の執筆を課題としてきたのも、その点にあった。

持統天皇について、もう一つ気になっていたのが、自身が正式に即位したその年（六九〇年）、奇《く》しくも中国では則天武后が即位していることである。唐の第三代皇帝高宗の皇后で、中国三千年の歴史において登場した、唯一の女帝である。国号を周と改めて自らの王朝＝武周朝を開き、男帝に対抗するかのように独自の文字（則天文字）を創出するなど、専権を振るった。その生涯と治政は知略と謀略をめぐらすことに費やされ、権力獲得に明け暮れたといってよい。

即位当初の持統女帝が、この則天武后の存在を承知していたとは思わないが、最晩年、太上天皇として遣唐使を派遣したさいには、唐が女帝の政権下にあることを把握していたのではなかろうか。このときの遣唐使（最高責任者は粟田真人）に、わが国の名を「倭国」から「日本」に改めることを宣言させているのも、交渉相手が女帝則天武后であることを知ったうえでの判断であったと推測する。中国側の混乱を承知で、何百年も使用してきた「倭国」の改名通告に踏み切ったのは、女帝であるとの認識、一種の安堵感が底流にあったに違いないと思うからである。

ちなみに中国側の史料には、則天武后の時代に「倭国」の国名が変更されたと記されている。日本側の要望は受け入れられたのであった。ただし、持統天皇は遣唐使が出発した年に没しているから（七〇二年）、帰朝報告を聞くことはなかった。いっぽうの則天武后が没したのは三年後、七〇五年のことである。二人の女帝が生涯を閉じたのがほぼ同時期であったのも、不思議な気さえする。

わが国と中国とで、同時期に即位した女帝、むろん二人の女帝がめざしたものは異なる。持統天皇は夫天武天皇と自身との血脈（草壁皇統）の存続であり、則天武后は自身の権力獲得に全精力を注いだのであった。すなわち持統天皇が即位したのは、息子や孫への皇位継承を実現するためであったが、武后は、自身の即位を実現するために実子さえも犠牲にしている。執念という点では持統は子孫のために、武后は自身の野望を満たすためにそれを燃やしたのであり、女帝としての立場・役割についてはベクトルがまったく異なっていたといってよい。

ただし、持統天皇も則天武后も強烈な個性を持った、精神力の強い女帝であったことだけは、間違いない。
則天武后は唐という時代に登場して、中国世界を駆け抜けた。そして、持統天皇も飛鳥という時代に登場して、倭国（日本）世界を生き抜いた。偶然とはいえ七世紀末に、日本と中国で同時に女帝があらわれ、共にその時代に足跡を残したことの意味は大きい。
その持統天皇をひと言で表するならば、壬申の乱の勝利を手にするために飛鳥の時代とその空間を突っ走り、「この国」を方向づけた女帝というのが、わたくしの素直な感想である。そして、わたくし自身も持統天皇とともに、この時代と空間に身を置いて、歴史の「虚」と「実」を間違いなく読み取ることができたと思っている。

前著（『光明皇后』）と同様、このたびも中公新書編集部の酒井孝博さんをはじめ、中央公論新社の方々にお力添えをいただいた。交通整理よろしく本文・図版などを手際よく処理して、そっと後押しして下さる、その細やかなお心遣いにどれほど助けられたことか。あらためて御礼を申し上げたい。また年表を作成し、今回も清書を手伝っていただいた京都女子大学非常勤講師木本久子氏にも、感謝したい。

令和元年八月十四日

瀧浪　貞子

文献

紙数の関係で単行本に限らせていただいた。論文・発掘調査報告書・図録などについては割愛せざるをえなかったものが少なくない。あわせて、お許しを願いたい。

引用文献

伊藤博『古代和歌史研究1・2　万葉集の構造と成立　上・下』塙書房、１９７４年
倉本一宏『壬申の乱（戦争の日本史2）』吉川弘文館、２００７年
白川静『初期万葉論』中央公論社、１９７９年
清家章『埋葬からみた古墳時代――女性・親族・王権』吉川弘文館、２０１８年
瀧浪貞子『女性天皇』集英社新書、２００４年
遠山美都男『天智と持統』講談社現代新書、２０１０年
冨谷至『漢倭奴国王から日本国天皇へ――国号「日本」と称号「天皇」の誕生』臨川書店、２０１８年
吉野裕子『持統天皇――日本古代帝王の呪術』人文書院、１９８８年
吉村武彦『古代天皇の誕生』角川選書、１９９８年

参考文献

相原嘉之『飛鳥・藤原の宮都を語る――「日本国」誕生の軌跡』吉川弘文館、2018年
上野誠『万葉挽歌のこころ――夢と死の古代学』角川選書、2012年
亀田隆之『壬申の乱』至文堂、1961年
川崎庸之『天武天皇』岩波新書、1952年
岸俊男『日本の古代宮都』岩波書店、1993年
北山茂夫『天武朝』中公新書、1978年
北山茂夫『壬申の内乱』岩波書店、1978年
木下正史『藤原京――よみがえる日本最初の都城』中公新書、2003年
木本好信『藤原四子――国家を鎮安す』ミネルヴァ書房、2013年
桜井満(監修)『万葉集を知る事典』東京堂出版、2000年
篠川賢『日本古代の歴史2――飛鳥と古代国家』吉川弘文館、2013年
新谷尚紀『伊勢神宮と出雲大社――「日本」と「天皇」の誕生』講談社選書メチエ、2009年
千田稔『平城京遷都――女帝・皇后と「ヤマトの時代」』中公新書、2008年
瀧浪貞子『日本古代宮廷社会の研究』思文閣出版、1991年
瀧浪貞子『帝王聖武――天平の勁(つよ)き皇帝』講談社選書メチエ、2000年
田村圓澄『伊勢神宮の成立』吉川弘文館、1996年
筑紫磐井『女帝たちの万葉集』角川学芸出版、2010年
津田さち子『持統女帝の生涯』学生社、1980年

土橋寛『持統天皇と藤原不比等――日本古代史を規定した盟約』中公新書、1994年
寺崎保広『藤原京の形成』山川出版社、2002年
直木孝次郎『持統天皇』吉川弘文館、1960年
直木孝次郎『壬申の乱 増補版』塙書房、1992年
中村修也『天智朝と東アジア――唐の支配から律令国家へ』NHK出版、2015年
早川万年『壬申の乱を読み解く』吉川弘文館、2009年
林博通『大津京』ニュー・サイエンス社、1984年
林部均『飛鳥の宮と藤原京――よみがえる古代王宮』吉川弘文館、2008年
平林章仁『蘇我氏の実像と葛城氏』白水社、1996年
星野良作『研究史 壬申の乱』吉川弘文館、1973年
前園実知雄・松田真一（共編著）『吉野 仙境の歴史』文英堂、2004年
松尾光『万葉集とその時代』笠間書院、2009年
森公章『天智天皇』吉川弘文館、2016年
義江明子『天武天皇と持統天皇――律令国家を確立した二人の君主』山川出版社、2014年
吉川真司『シリーズ日本古代史③ 飛鳥の都』岩波新書、2011年
吉田孝『日本の誕生』岩波書店、1997年
吉村武彦『大化改新を考える』岩波新書、2018年

年表

年 和暦	年 西暦	持統天皇	年齢	関係者（天武とその皇子女など）	その他
舒明三	六三一			この頃、大海人皇子（天武）誕生か	
大化元	六四五	この年、誕生	1		6月 中大兄皇子（天智）、蘇我入鹿を討つ（乙巳の変）。皇極天皇譲位、孝徳天皇即位。中大兄立太子 9月 古人大兄皇子、謀反により討たれる 12月 難波に遷都
二	六四六		2		1月 大化改新の詔発布
三	六四七		3		この年、蝦夷に備え渟足柵を造る
四	六四八		4		この年、蝦夷に備え磐舟柵を造る
五	六四九		5		2月 冠位十九階の制定 3月 蘇我倉山田石川麻呂、謀反の疑いで、自害
白雉元	六五〇		6		2月 白雉と改元する

二	六五一		7		12月　孝徳天皇、難波長柄豊碕宮に遷る この年、建皇子（父は天智）誕生、その後、遠智娘（大田・鸕野・建らの母）没か
四	六五三		9		6月　旻法師没 この年、中大兄、皇極・間人皇后らを率いて飛鳥河辺行宮に遷る
五	六五四		10	この年、高市皇子誕生	10月　孝徳天皇崩御
斉明元	六五五		11		正月　斉明天皇即位 この冬、飛鳥川原宮に遷る
二	六五六		12		この年、後飛鳥岡本宮に遷る。斉明天皇の土木事業が「狂心渠」と非難される
三	六五七	この年、大海人皇子のキサキとなる	13		この年、川島皇子（父は天智）誕生
四	六五八		14		4月　阿倍比羅夫、蝦夷平定 5月　建皇子没（8歳） 11月　有間皇子の変
五	六五九		15		3月　阿倍比羅夫、蝦夷平定
六	六六〇		16		3月　阿倍比羅夫、蝦夷平定 5月　皇太子、はじめて漏尅（水時計）を作る

					12月　斉明天皇、百済救援のために難波宮に遷る
七	六六一	1月　百済救援の軍発遣に従い、大海人皇子とともに、難波より筑紫へ向かう	17		1月　大伯皇女誕生 1月　百済救援軍、難波を出発 7月　斉明天皇崩御（68歳）。中大兄による称制開始
天智元	六六二	この年、草壁皇子を出産	18		5月　余豊璋を百済に送る
二	六六三		19	この年、大津皇子誕生	8月　白村江において、倭国軍が唐軍に敗れる
三	六六四		20	2月　大海人、甲子改革令を宣布。はじめて「大皇弟」（大海人皇子）の称がみえる	2月　冠位二十六階を制定 この年、対馬・壱岐・筑紫に防人・烽、筑紫に水城を築く
四	六六五		21		2月　間人皇后（孝徳天皇皇后）没 8月　長門・筑紫に城を築く 9月　唐、劉徳高らを遣わす
六	六六七		23		2月　斉明天皇と間人皇女を小市（越智）岡上陵に合葬する 3月　近江大津宮に遷都 11月　高安城・屋島城・金田城を築く

七	六六八		24	7月　大海人、立太子か。この年、大海人、宴席で天智と争う	1月　天智天皇即位。同月、崇福寺を建立 5月　天智天皇、諸臣を従えて蒲生野で狩猟
八	六六九		25		10月　中臣鎌足に大織冠を授け、藤原姓を与える。藤原鎌足没（56歳）
九	六七〇		26		2月　庚午年籍を作成
十	六七一	10月　大海人に従い、吉野に入る	27	1月　大海人、冠位・法度のことを施行する 10月　大海人、天皇不予（病気）により後事を託されるも、辞退し出家。吉野に入る	1月　大友皇子を太政大臣とする 9月　天智天皇不予 11月　五人の重臣、大友に忠誠を誓う 12月　天智天皇崩御（46歳）
天武元	六七二	6月　大海人に従い、東国へ向かう（桑名に留まる）	28	6月　大海人、皇子らを従えて吉野を出発し、東国へ向かう（桑名から不破へ） 9月　飛鳥岡本宮に入る この冬、飛鳥浄御原宮を造営し、遷御する	6月　壬申の乱開始 7月　近江軍が敗れ、大友皇子自害（25歳）
二	六七三	2月　皇后となる	29	2月　天武天皇即位	5月　官人出仕の制
三	六七四		30	10月　大伯皇女（14歳）、	12月　大嘗祭が終了し、禄が

				斎王として伊勢へ下向	与えられる
四	六七五		31		4月　はじめて竜田祭・広瀬祭が行われる
五	六七六		32		4月　畿外の豪族・才能のある庶民等の出仕を制度化する
七	六七八		34	4月　十市皇女没	
八	六七九	5月　天武とともに吉野宮に入り、盟約に参加する	35	5月　天武、六人の皇子とともに吉野行幸。吉野宮で盟約する	
九	六八〇	11月　不予	36	11月　天武、皇后の不予により、薬師寺建立を発願する	
十	六八一	2月　天武とともに大極殿において律令の編纂を命じる	37	2月　草壁皇子立太子	3月　帝紀・上古の諸事を定める
十二	六八三		39	2月　大津皇子はじめて朝政を聴く	4月　銀銭を禁じ銅銭（富本銭）を用いる
十三	六八四		40	3月　天武、造宮予定地を視察	10月　八色の姓を制定
十四	六八五		41	7月　天武不予	1月　位階六十階を定める 3月　山田寺の金銅丈六薬師如来像開眼
朱鳥元	六八六	7月　天武不予により、草壁皇子とともに、繡菩薩像を	42	5月　天武不予 9月　天武天皇崩御（56	7月　朱鳥と改元 9月　天武の殯宮で百官・隼

		大安寺に施入する 9月 称制を行う		歳?) 10月 大津皇子、謀反発覚し、その後自害する 11月 斎宮大伯皇女、任を解かれ帰京する	人・僧尼らが誅する
持統元	六八七		43	10月 檜隈大内陵を造営	
二	六八八		44	11月 天武を大内陵に埋葬する	
三	六八九	〈1月・8月 吉野宮へ〉	45	4月 草壁皇子(28歳)没	4月 天武の喪を弔い、新羅が仏像などを献上する 6月 飛鳥浄御原令発布
四	六九〇	1月 即位 12月 藤原宮の地を視察 〈2月・5月・8月・10月・12月 吉野宮へ〉	46	7月 高市皇子を太政大臣とする 10月 高市皇子、藤原宮の地を視察	9月 庚寅年籍を作成
五	六九一	〈1月・4月・7月・10月 吉野宮へ〉	47		9月 川島皇子没 10月 藤原京地鎮祭 11月 大嘗祭
六	六九二	1月 藤原京の路を視察 3月 伊賀・伊勢・志摩へ行幸 6月 藤原宮の地を視察 〈5月・7月・10月 吉野宮へ〉	48		5月 藤原宮地鎮祭
七	六九三	8月 藤原宮の地を視察 〈3月・5月・7月・8月・11	49		

		月　吉野宮〈 〉			
八	六九四	1月　藤原宮の地を視察 この年、法隆寺に金光明経一部八巻を納める 〈1月・4月・9月　吉野宮〈 〉	50		12月　藤原京遷都
九	六九五	〈閏2月・3月・6月・8月・12月　吉野宮〈 〉	51		
十	六九六	〈2月・4月・6月　吉野宮〈 〉	52	7月　高市皇子（43歳）没	
文武元	六九七	8月　譲位 〈4月　吉野宮〈 〉	53	2月　珂瑠皇子（父は草壁皇子）立太子 8月　文武天皇即位 藤原宮子（父は不比等）入内	6月　天皇の病のために仏像を造る 7月　薬師寺において、仏像開眼会を行う
二	六九八		54	9月　当耆皇女、斎宮に任命される	10月　薬師寺の伽藍完成 11月　大嘗祭
三	六九九		55	7月　弓削皇子没	9月　新田部皇女（父は天智）没 10月　斉明天皇・天智天皇の二陵を修造する 12月　大江皇女（父は天智）没
四	七〇〇		56		3月　道昭和尚没、はじめて火葬される 3月　諸王臣に令文を読習させ、律を撰成させる

					4月　明日香皇女（父は天智）没 6月　忍壁皇子・藤原不比等らに大宝律令を撰定させ、禄を与える
大宝元	七〇一	〈6月　吉野宮へ〉	57	12月　大伯皇女没（41歳） この年、首皇子（父は文武、のちの聖武天皇）誕生	1月　粟田真人らを遣唐使に任命する 2月　泉皇女（父は天智）を伊勢斎王とする 8月　大宝律令完成
二	七〇二	10月　三河国行幸 11月　尾張・美濃・伊勢・伊賀を経て帰京 12月　崩御	58		6月　遣唐使、筑紫を出発する 10月　大宝律令を天下諸国に頒布する 12月　天智・天武の忌日を国忌とする
三	七〇三	2月　七七日のため、大安寺・薬師寺・元興寺・弘福寺などに設斎 12月　飛鳥岡に火葬。諡を大倭根子天之広野日女尊とする。天武の大内陵に合葬			

年表作成　木本久子
地図製作　関根美有

瀧浪貞子（たきなみ・さだこ）

1947年，大阪府生まれ．1973年，京都女子大学大学院文学研究科修士課程修了．京都女子大学文学部講師等を経て，1994年，同大学文学部教授．現在，京都女子大学名誉教授．文学博士（筑波大学）．専攻・日本古代史（飛鳥・奈良・平安時代）．

著書『光明皇后』（中公新書，2017）
『桓武天皇』（岩波新書，2023）
『聖武天皇』（法蔵館文庫，2022）
『聖武天皇・光明皇后（古代を創った人びと）』（奈良県，2017）
『藤原良房・基経』（ミネルヴァ書房，2017）
『奈良朝の政変と道鏡（敗者の日本史２）』（吉川弘文館，2013）
『王朝文学と斎宮・斎院』（共著，竹林社，2009）
『源氏物語を読む』（編著，吉川弘文館，2008）
『女性天皇』（集英社新書，2004）
『最後の女帝　孝謙天皇』（吉川弘文館歴史文化ライブラリー，1998）
『宮城図・解説』（共著，思文閣出版，1996）
『日本古代宮廷社会の研究』（思文閣出版，1991）
『平安建都（日本の歴史５）』（集英社，1991）
『古代を考える　平安の都』（共著，吉川弘文館，1991）ほか

持統天皇《じとうてんのう》
中公新書 *2563*

2019年10月25日初版
2025年５月30日４版

著　者　瀧浪貞子
発行者　安部順一

本文印刷　暁印刷
カバー印刷　大熊整美堂
製　本　フォーネット社

発行所　中央公論新社
〒100-8152
東京都千代田区大手町1-7-1
電話　販売　03-5299-1730
　　　編集　03-5299-1830
URL https://www.chuko.co.jp/

Published by CHUOKORON-SHINSHA, INC.
Printed in Japan　ISBN978-4-12-102563-0 C1221

中公新書

日本史

d1

2189 歴史の愉しみ方　磯田道史
2455 日本史の内幕　磯田道史
2295 天災から日本史を読みなおす　磯田道史
2729 日本史を暴く　磯田道史
2579 米の日本史　佐藤洋一郎
2389 通貨の日本史　高木久史
2321 道路の日本史　武部健一
2494 温泉の日本史　石川理夫
2671 親孝行の日本史　勝又基
2500 日本史の論点　中公新書編集部編
1617 歴代天皇総覧（増補版）　笠原英彦
2302 日本人にとって聖なるものとは何か　上野誠
2619 もののけの日本史　小山聡子
1928 物語 京都の歴史　脇田修・脇田晴子
2345 京都の神社と祭り　本多健一

2654 日本の先史時代　藤尾慎一郎
2709 縄文人と弥生人　坂野徹
482 倭国　岡田英弘
147 騎馬民族国家（改版）　江上波夫
2164 魏志倭人伝の謎を解く　渡邉義浩
1085 古代朝鮮と倭族　鳥越憲三郎
2828 加耶《かや》／任那《みまな》―古代朝鮮に倭の拠点はあったか　仁藤敦史
2533 古代日中関係史　河上麻由子
2470 倭の五王　河内春人
2095 『古事記』神話の謎を解く　西條勉
1502 日本書紀の謎を解く　森博達
2362 六国史《りっこくし》―日本書紀に始まる古代の「正史」　遠藤慶太
2673 国造―大和政権と地方豪族　篠川賢
804 蝦夷《えみし》　高橋崇
1041 蝦夷《えみし》の末裔　高橋崇
2699 大化改新（新版）　遠山美都男
1293 壬申の乱　遠山美都男

2636 古代日本の官僚　虎尾達哉
2371 カラー版 古代飛鳥を歩く　千田稔
2168 飛鳥の木簡―古代史の新たな解明　市大樹
2353 蘇我氏―古代豪族の興亡　倉本一宏
2464 藤原氏―権力中枢の一族　倉本一宏
2563 持統天皇　瀧浪貞子
2725 奈良時代　木本好信
2457 光明皇后　瀧浪貞子
2648 藤原仲麻呂　仁藤敦史
2452 斎宮―伊勢斎王たちの生きた古代史　榎村寛之
2783 謎の平安前期―桓武天皇から『源氏物語』誕生までの２００年　榎村寛之
2829 女たちの平安後期―紫式部から源平までの２００年　榎村寛之
2559 菅原道真　滝川幸司
2281 怨霊とは何か　山田雄司
2662 荘園　伊藤俊一